KB065571

비움에 관한 명상

창조적 기업가정신 함양을 위한

비움에 관한 명상

노자에게 개방형 혁신의 길을 묻다

윤진훈·임종재 글
김경훈 사진

북&월드

차례

노자에서 찾은 창조적 기업가 정신

지식기반 경제시대가 도래함에 따라, 지식과 아이디어를 기업 내부에서만 구하는 것이 비효율적인 시대가 되었습니다. 개인 차원에서도 어떠한 문제에 적합한 답을 얼마나 빨리 찾느냐가 그 사람의 경쟁력이 되고 있습니다(Cooke, 2015; Kodama & Shibata, 2015).

기업의 경계를 넘어서는 지식의 자유로운 유입과 유출에 기초하는 지식 패러다임이 바로 개방형 혁신입니다. 개방형 혁신은 새로운 지식의 개방적 흐름을 만들고 특정 기업이나 조직 내에서 패러독스를 발생시켜서 새로운 창조적 혁신이 일어나게 합니다(Lee & Workman, 2015; Noh, Jeong, You, Moon, & Kang, 2015). 새로운 지식과 아이디어의 유입이 다양성을 제고하고 아이디어들 간의 충돌을 촉진하여 접구 새로운 단계의 창조적 혁신과 기업가 정신의 발현으로 귀결됩니다(Kim & Jung, 2015). 개방형 혁신의 눈리적 기초와 완전히 일치하는 것이 바로 노자 철학입니다(Han & Cho, 2015). 나를 비우고 그 자리에 남을

채움으로써 패러독스를 발생시켜 보다 창조적인 방식으로 나를 중만하게 하는 것이 노자의 상선약수(上

善若水)철학인 것입니다(Della Corte, Iavazzi, & D'Andrea, 2015). 나를 낮춤으로써 남을 높여 패러독스 하에

서 새로운 자원으로 나를 높이는 것이 바로 노자철학입니다. 노자철학은 비움과 개방의 정신을 통해서

패러독스를 제시하고 무위자연의 창조적 경지에 이르는 길을 밝히고 있습니다(Inkinen, 2015).

본인이 DGIST에서 개방형 혁신 전략과 비즈니스 모델 개발 연구에 매진할 수 있도록 모든 연구 인

프라를 마련해 주시고, 늘 따뜻한 관심과 배려를 아끼지 않으셨으며, 진정한 개방형 혁신 기업가 정신

의 모범을 보여 주시는 신성철 DGIST 총장님께 감사드립니다(Jung & Lee, 2015). 아울러, Technology

Forecasting and Social Change의 편집위원장(Editor In Chief)이신 Fred Philips 선생님께 감사 드립니다.

선생님께서 2014년 가을, 저희 학교에 세미나차 방문하셨을 때, 자신의 오랜 강의 경험과 사색의 결과를

정리한 책인 [The conscious manager: Zen for Decision Makrers] (2003년, General Informatics LLC 출간)을

사인까지 하셔서 저에게 주셨습니다. 몇 년 동안 노자에서 찾은 개방형 혁신의 길을 조금씩 정리하고 있

인 제가 두 저서 출간의 용기를 낸 구체적인 계기가 되었습니다. 그리고 두 저서의 출판에 공저자로도 참

여하여 주신 임승재 계명대 교수님께 감사의 말씀을 드립니다. 처음부터 끝까지 같이 읽

어주시고 계명대 창업대학원을 맡아 직접 강의하면서 느꼈던 기업가정신의 필요성과 내용에 대한 본인

의 구체적인 생각을 반영하여 주셨습니다. 아울러 두 저서는 아름다운 작품사진들을 책의 출판에 제공

해 주신 김경훈 네오경제사회연구소 소장님께 깊이 감사의 말씀을 드립니다. 그리고 이 책의 기초가

된 별첨의 원저 영문 논문의 공저자분들이신 DGIST의 정우영 박사님, 상지대의 박경배 교수님, 그리고

DGIST의 양성호 연구원님께도 감사의 말씀을 드립니다. 두 저서의 첫 독자의 역할을 해 주신 이성연 에

스엔티 대표님과 경북대 산업대학원 오성태 교수님 그리고 저의 강의를 수강한 학생들에게도 감사의 말씀

을 전합니다. 어려운 출판 여건에서 아름다운 편집과 함께 책을 출판해 주신 북&월드 신성모 사장님께

감사의 말씀을 전합니다.

서구의 주요 대학들은 이미 오래 전부터 동양철학을 토대로 하는 기업가 정신 강좌를 개설하고 교

재를 다양하게 출판하고 있습니다. 이 책은 경쟁과잉의 시대를 살아가는 현대인들을 대상으로 하는

개방형 혁신 명상의 참고서로 그리고 기업가 정신 강의 교재로 기획되었습니다. 독자들에게 노자에

서 개방형 혁신의 길을 찾고 스스로 기업가 정신을 함양 하도록 명상과 사색의 모티브를 제공할 것입

니다(Carrillo, 2015; Jeon, Kim, & Koh, 2015; Jois, Bhaskar, & Prakash, 2015; Kwon, Kim, Park, Kim, & Jang, 2015;

Oganisjana, 2015; Pancholi, Yigitcanlar, & Guaralda, 2015; Patra & Krishna, 2015; Won, Yoo, Yoo, & Lim, 2015; Yun,

2015; Yun,Jeong, & Yang, 2015).

2016년 1월 20일

비슬산 기슭의 DGIST R4 306호 연구실에서

대표저자 윤진효

11

개방형 혁신과 협업형 협업 혁신으로 가는 길에서

개방형 혁신(Open Innovation)은 기술과 시장 및 사회와의 창조적 열린 연결을 통한 혁신을 의미합니다. 반면 협업형 협업 혁신(Collaborative Innovation)은 개방형 혁신을 전체로 하고 기술과 기술, 기술과 사회, 기술과 시장의 창조적 연결과 결합을 위한 협력을 통한 혁신을 의미합니다. 한국은 현재 폐쇄형 혁신에서 개방형 혁신으로 그리고 경쟁 혁신에서 협업 혁신으로 나아가고 있습니다. 이러한 개방형 혁신과 협업 혁신을 기반으로 하는 융복합 연구중심대학이 바로 DGIST입니다. 한문간 융복합, 연구부문과 교육부문의 융복합, 그리고 세계적 기술개발 선도와 지역의 신산업 창출 간의 융복합을 DGIST가 추구하고 있습니다.

오스트롬(Ostrome)이 공유지의 희극(Comedy of the Commons)을 통해 노벨경제학상을 받은 이래 공유경제(Sharing economy), 혹은 협업 경제(Collaborative Economy)등 기존의 경쟁에 기반한 경제를 보완하거나 대체하는 새로운 경제가 주목을 받고 있습니다. 이러한 새로운 경제를 구현하는 구체적인 혁신 방법이 협업형 혁신 혹은 개방형 혁신입니다.

그런데 협업형 혁신과 개방형 혁신이 자연스럽게 이루어지는 것이 아닙니다. 혁신의 당사자들이 자신의 기술과 시장에만 집착하고 파트너의 생각을 인정하지 않는다면 협력 자체가 불가능하지요. 즉, 혁신 당사자들의 열린 자세 없이는 협업형 혁신이나 나아가 다양한 차원의 개방형 혁신은 불가능하지요.

윤진효 박사 등이 저술한 이 책은 협업형 혁신과 개방형 혁신을 위한 자기 성찰의 참고서로서 그리고 창조적인 기업가 정신 함양을 위한 기업가 정신 강좌의 교재로서 국내에서 거의 최초로 발행되는 책입니다. 기술과 시장의 창조적인 연결과 결합이 만들어 내는 경제 실현을 위해서 고민하는 모든 장역자, 대학의 기술혁신 및 기업가 정신 강좌 담당자, 연구기관의 연구원 그리고 정부의 관련 정책 담당자에 권하는 바입니다.

2016년 1월 20일

DGIST 총장 신성철

13

17장

常無欲 以觀其妙

상무욕 이관기묘

01 나를 내려놓고 상대에게 집중하세요.

常無欲以觀其妙 常有欲以觀其徼
상무욕이관기묘 상유욕이관기요

욕심이 없으면, 오묘한 이치가 보이고,
욕심을 부리면, 겉모습만 눈에 들어온다.

나의 선입관과 욕심을 다 내려놓고 상대의 말과 표정과 행동에 집중하세요. 새로운 아이디어를 얻는
건은 특별한 곳에 있지 않습니다. 스스로의 욕심을 내려놓고 가만히 상대방에게 집중할 때 새로운 아
이디어를 얻게 됩니다.

02 나와 다른 소수를 인정하고 주목하세요.

天下皆知美之爲美 斯惡已 皆知善之 爲善 斯不善已
천 하 개 지 미 지 위 미 사 악 이 개 지 선 지 위 선 사 불 선 이

천하 모든 이들이 아름답다고 하는 것이 사악한 것일 수 있고,

천하 모든 이들이 선하다고 하는 것이 선하지 않을 수 있다.

세상의 모든 판단 기준은 상대적인 것입니다. 현재는 소수 의견일 지라도 인정하고 존중하세요. 창조적인 혁신은 바로 나와 다른 가치를 추구하는 소수에서 시작됩니다. 그들을 인정하고 따뜻한 시선과 열린 자세로 대하는 것이 새로운 혁신의 출발점입니다. 전혀 다른 가치를 추구하는 작은 기염들에 주목하시고 그들에 대한 관심과 투자에 부족함이 없도록 하세요.

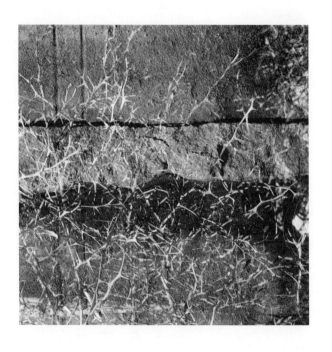

19

03 변하지 않으면 쓸모가 없어집니다.

爲無爲 則無不治
위 무 위 즉 무 불 치

억지로 하지 않으면 다스리지 못할 것이 없다.

자신의 아이디어나 기술에 대한 집착에서 벗어나십시오. 어떠한 것도 변하지 않으면 곧 쓸모가 없어집니다. 시장은 강물 같아서 어디로 흐를지 예측할 수 없습니다. 시장의 변화 그리고 그에 대응하는 기술의 발전 추세를 잘 읽고 세상의 흐름을 따라가면 못 이룰 바가 없습니다.

21

04 현재의 성공에 집착하지 마세요.

挫其銳 解其紛 和其光 同其塵
좌 기 예 해 기 분 화 기 광 동 기 진

날카로움을 무디게 함으로써 얽힌 문제를 풀며,

빛나는 바름 낮추고 보잘 것 없는 세상과 어울린다.

대단한 혁신적 아이디어와 제품을 가지고 있을 수 있습니다. 하지만, 기업이 지속적으로 발전을 원한다면, 현재의 성공에 집착하지 마세요. 세상의 작은 아이디어를 받아 들여 창조적인 새로운 기술과 시장을 결합하기 위해서 지속적으로 노력하세요. 그것이 혁신자의 딜레마(innovator's dilemma)에 빠지지 않는 길입니다.

05 때로는 말을 줄일 필요가 있습니다.

多言數窮 不如守中
다 언 수 궁   불 여 수 중

말이 많으면 오히려 자주 막히는 바,

오히려 말 수를 줄이는 것 보다 못하다.

때로는 말을 줄일 필요가 있습니다. 같은 맥락에서 나오는 지관의 결과가 훨씬 창조적이기 때문입니다. 창조적 기업이나 혁신적 제품을 원합니까? 말을 줄이고 이성의 창고에 지식 쌓기를 멈추고 마음을 비우고 또 비우세요. 전혀 진혀 다른 새로운 생각이 자 오를 것입니다.

25

06 비우세요.

谷神不死 是謂玄牝 玄牝之門 是謂千地根
곡 신 불 사 시 위 현 빈 현 빈 지 문 시 위 천 지 근

가장 깊숙한 곰짜기가 바로 죽지 않는 창조의 모성인 것이다.

따라서 곰짜기가 하늘과 땅의 근본이다.

가장 깊은 곰짜기가 가장 근원적인 창조의 원천입니다.

위대하다 여성이여. 영원하다 자연이여.

현재의 제품이나 기존의 아이디어에 매달리지 마세요. 늘 새롭고 놀라운 생각이 당신의 빈 마음의 곰짜
기로 찾아오게 하세요. 스티브 잡스는 비움의 전략인 단순화(Simplicity)를 통해서 창조적 혁신을 실현한
바 있습니다.

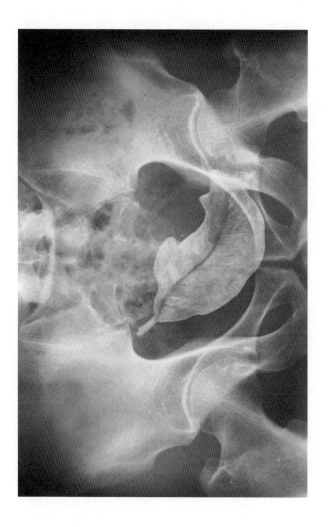

27

২৮

天長地久

천장지구

07 장수기업은 장수를 추구하지 않습니다.

天長地久　天地所以長且久者　以其不自生　故能長生
천 장 지 구　천 지 소 이 장 차 구 자　이 기 부 자 생　고 능 장 생

하늘과 땅은 영원하다, 하늘과 땅이 영원한 것은
자신이 스스로 생을 추구하지 않기 때문에 오히려 길고 영원하다.

장수기업은 장수 자체만을 추구하지 않습니다. 그들은 소비자와 시장의 변화를 읽고 끊임없이 혁신을 도모함으로써 장수하게 됩니다.

IBM은 세계적 컴퓨터 제조회사에서 소프트웨어회사로 자신을 변화시키는 것을 멈추지 않고 나아감에 따라, 현재도 세계 최고의 기업으로 생존하고 있습니다. 반면, 세계적 컴퓨터 회사를 유지하고자 했던 선 마이크로시스템즈사는 30년을 넘기지 못하고 역사의 뒤안길로 사라지고 말았습니다.

31

08 자신을 낮추세요.

上善若水 水善利萬物而不爭 處衆人之所惡 故幾於道

상 선 약 수 수 선 리 만 물 이 부 쟁 처 중 인 지 소 오 고 기 어 도

최상의 선은 물과 같은 것이다. 물은 만물을 이롭게 하지만,
다툼에 끼어들지 않으며 세상 사람들이 가장 싫어하는 곳에 머문다.

이것이 바로 물의 도이다.

자신을 낮추고 타인을 향해 스스로를 열어 두세요. 그것이 사람 사는 이치요 기업하는 기본자세입니다.
나를 높이면 타인이 낮아지고 타인과 교류할 수 없게 됩니다. 나를 낮출 때 지식과 재화가 내게로
흘러올 것입니다. 기업이 소비자에게 낮추지 않으면 소비자의 요구를 읽을 수 없고 결국 시장에서 소비
자를 만날 수 없게 됩니다.

09 겸허하게 세상을 향해 나아가세요.

富貴而驕　自遺其咎　功成名遂身退　天之道
부 귀 이 교　자 유 기 구　공 성 명 수 신 퇴　천 지 도

부귀영화를 누리면서 교만하면 스스로 허물을 남기게 된다.
공을 세우고 이름을 드러낸 후에는 스스로 물러남이 하늘의 도가 따른다.

성공하였을 때 스스로 물러나면 하늘의 도가 따른다.

세상에서 가장 대표적인 제품의 생산기업도 교만하면 위험에 처하게 됩니다. 워크맨의 개발로 휴대용 음악시장을 개척했던 SONY도 변화에 열려있지 못해 결국 전 세계 음악시장을 Apple에게 내주었습니다. 세계 소프트웨어 시장을 개척했던 MS도 모바일 혁명에 대처하지 못해 주도적 지위를 잃었습니다. 초기에 성공적으로 시장에 진입한 기업들일수록 더 겸허한 자세로 세상을 봐야 합니다. 하물며 작은 중소기업이 겠습니까? 하물며 평범한 소시민의 생활이 겠습니까? 겸허하게 세상을 향해 나아가세요.

10 머물러 있지 마세요.

天門開闔 能爲雌乎, 明白四達 能無知乎
천 문 개 합 능 위 자 호, 명 백 사 달 능 무 지 호

오감으로 인지하되 억지로 하지 않고 부동의 자세로 할 수 있겠느가?

사방을 두루 꿰뚫하되 스스로 아는 체 하지 않을 수 있겠느가?

현대인은 너무 자신을 내세우고 채우고 자리를 지키느네 몰두하곤 합니다. 하지만 지식기반경제시대의

인간과 기업의 우월성은 드러내지 않고, 비우고, 고정하여 머물지 않는 데 있습니다. 바로 그 지점에서

새로운 혁신의 씨앗이 잉태되기 때문입니다.

11 존재 그 자체를 가만히 들여다보세요.

有之以爲利, 無之以爲用

유 지 이 위 리 , 무 지 이 위 용

현재 가진 것은 당장의 이익이 되고,

가지지 않은 비어 있는 것은 모든 쓸모에 사용된다.

현재 쓰임새가 있는 기술과 지식은 지금 당장 이익이 됩니다. 하지만, 어떠한 용도가 정해져 있지 않은 지식과 기술은 무한대의 사용 가능성이 있을 수 있습니다. 현재의 쓰임새와 제품 용도에서 벗어나서 당신의 기술과 아이디어의 존재 그 자체를 가만히 들여다보세요.

무한한 창조적 시장과 비즈니스 모델을 발견할 수 있습니다.

12 실제적 필요에 집중하세요.

聖人爲腹不爲目 故去彼取此
성 인 위 복 불 위 목   고 거 피 취 차

성인은 배고픔이 문제 해결에 집중하지 남의 이목에 신경 쓰지 않는다.

즉, 성인은 이런 저런 일이 아니라 그 본질에 집중한다.

감각의 판단에서 벗어나 본질로 향하세요. 주변의 시선이 아니라, 실제적 필요에 집중하세요. 기술이나 아이디어가 기업에 가져다줄 이득을 설정적 이득을 추구할 일이지, 누가 기술을 개발했고, 어디서 기술이 도래했느지가 무슨 대수이겠습니까? 명심하세요.

우리 회사가 스스로 개발하지 않은 기술을 거부하는 NIH(Not Invented Here) 신드롬은 전 세계에 존재하는 수많은 혁신적 기술을 놓치게 하며, 결국 당신 기업을 멸망으로 이르게 할 수도 있습니다.

41

నం

龍辱莘敬

홍 욱 아 정

13 일희일비하지 마세요.

寵辱若驚, 貴大患若身

총욕약경, 귀대환약신

칭찬을 받거나 욕을 먹을 때 흥분하는 것은,

몸에 있는 심각한 병을 귀히 여기는 것과 같다.

혁신적 제품의 개발에 있어서 일시적 시장 상황에 흔들리지 마세요.

스티브 잡스의 애플은 심각한 경제위기에 오히려 세계적 혁신 제품을 개발하였습니다. 엄청난 위기에 직면하거나 예상하지 못한 성공을 거둘수록, 새로운 차원의 아이디어와 기술을 더 찾으세요. 당신과 당신 기업에 전혀 다른 차원의 기회가 다가올 것입니다.

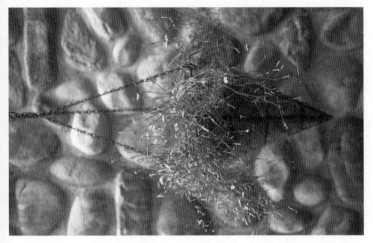

45

14 시장가치는 보이지도 들리지도 않습니다.

視之不見, 聽地不聞, 搏之不得
시 지 불 견 , 청 지 불 문 , 박 지 부 득

보아도 볼 수 없고, 들어도 들을 수 없으며, 잡아도 손에 잡히지 않는다.

그것이 도다.

세상에서 가치 있는 것은 일정한 기준으로 한마디로 정의할 수 없습니다. 즉 시장의 가치는 명확히 보이지도, 들리지도 만질 수도 없습니다. 다만, 소비자, 공급자, 관세기업 등과의 아이디어나 지식의 교환과 정을 통해서 우연하게 들어 날 뿐입니다. 따라서 기업이 획득할 시장 가치는 얼마나 개방적으로 새로운 아이디어를 포장하고, 제품혁신으로 연결하고 시장에 출시하느냐에 달려 있습니다.

47

15 매사 조심하고 또 조심 하세요.

豫兮若冬涉川, 保此道者 不欲盈 夫惟不盈
예 혜 약 동 섭 천 , 보 차 도 자 불 욕 영 부 유 불 영

도를 지닌 사람은, 새로운 일을 도모함에 겨울철 개울을 건너 듯 조심한다.

도를 지닌 사람은 자신을 가득 채우기 보다는,

오히려 덜 채우는 바를 택한다.

자신의 주장을 내세울 보다는 자신을 좀 내려놓으세요. 그리고 항상 새로운 것만 쫓지도 말며 다른 한 편으로 기존 것을 고집하지도 마세요. 세상의 새로운 아이디어, 제품, 시장으로 나아감에 매사 조심하고 또 조심하세요.

49

16 자랑하고 강요하지 마세요.

致虛極 守靜篤, 萬物並作 吾以觀其復
치 허 극 수 정 독, 만 물 병 작 오 이 관 기 복

자신을 비우고, 고요함을 지키면, 세상 만물이 융성하되,
자연스럽게 이루어지는 것을 보게 된다.

자랑하고 강요하지 마세요. 마음을 비우고 조용히 세상 만물을 직관하세요. 그곳에서 새로운 내면의 생
기쁨만 아니라, 창조성과 기업 성장의 원천을 발견할 수 있을 것입니다.

51

17 당신의 역할에 집중하세요.

功成事遂, 百姓皆曰 我自然
공 성 사 수 , 백 성 개 왈 아 자 연

일을 달성하고 난 뒤에 스스로 물러남에,

백성들이 모두 말하기를 저절로 일이 성공하였다라고 한다.

당신만이 세상을 구할 현명한 생각을 하는 것은 아닙니다. 인간은 모두다 창조자를 본 따 만들어져, 우주를 담고 있는 존재라 하지 않은가요! 각자 창조적 아이디어를 발휘할 수 있도록 기회를 주세요. 평범한 몇 명이 제안하는 생각 속에 당신과 당신 기업을 살리고 세상을 바꿀 해결책이 숨어 있을 수 있습니다.

18 위기가 기회입니다.

大道廢 有仁義
대 도 폐 유 인 의

큰 도가 무너지면 오히려 인의가 생겨난다.

노기아가 무너지고 핀란드에는 전세계가 주목하는 수많은 기술벤처들이 폭발적으로 증가하고 있습니다. 눈앞에 닥친 큰 시련이 분명 당신에게 많은 새로운 기회를 제공할 것입니다.

당신은 불행하지 않습니다. 스스로 자신을 되돌아보고 세상과 더불어 앞으로 나아가시면 당신에게 닥치는 어떠한 시련도 새로운 기회가 될 것입니다.

4강

見素抱樸

견소포박

19 소비자의 이익을 먼저 생각하세요.

見素抱樸 小私寡欲
견 소 포 박 소 사 과 욕

외모를 소박하게 하고 본성을 지키며,

개인의 이익을 고집하지 말고 욕심을 줄여라.

물질, 명예, 지식 등 모든 종류의 욕심을 내려놓고 소비자의 이익을 먼저 생각하세요. 기업이익을 우선적으로 고려하는 순간 고객의 요구와 기대에 대한 열린 탐색이 멈춰질 지도 모릅니다. 어떠한 기업도 결국은 제품에 대한 소비자의 구체적 선호가 생존과 발전을 결정하기 마련입니다. 기업 이미지나 브랜드 가치 또한 제품에 대한 고객의 소비에 좌우됩니다. 욕심을 다 내려놓고, 소비자의 요구와 기대에 집중하면 기업이익은 자연스럽게 뒤 따라 옵니다.

20 때론 지식보다 직관입니다.

絶學無憂

절 학 무 우

지식습득을 멈추면 근심이 없어진다.

글자 위의 유희보다 깊은 직관과 명상이 새로운 창조와 혁신에 다가가는 길일 수 있습니다. 산과 들, 강가와 공원, 그리고 주택가와 캠퍼스 여기저기를 걸으며 사색하고 명상하는 것을 즐기세요. 다양한 인문학적 저술들을 읽으면서 문득 문득 떠오르는 직관에 집중해 보는 것도 좋을 것입니다.

61

21 시장의 이치를 따르세요.

孔德之容 唯道是從
공 덕 지 용 유 도 시 종

큰 덕의 모습은 오로지 무위자연의 도를 따르는데 있다.

세상을 살아가는 당신, 자신을 비우고 당신과 관계 맺고자 하는 타인들로 채우세요. 그럼 세상 사람들 누구나 당신을 인정하고 존경하여 세상의 도를 얻을 것입니다. 시장과 사회의 자연스러운 이치를 따르세요. 그것이 가장 큰 혁신의 길입니다. 소비자에게 강요하지 말고, 소비자, 공급기업 및 관련 주체들의 요구와 기대로 자신을 채우는 기업이 되세요. 그런 기업은 경쟁력이라는 시장의 도를 얻습니다.

22 결국 드러나기 마련입니다.

不自見故明, 不自是故彰
부 자 견 고 명 , 부 자 시 고 창

스스로를 드러내지 않음으로써 세상에 드러나게 되고,

스스로 옳다고 주장하지 않음으로써 현명함이 만천하에 드러나게 된다.

탁월한 혁신적인 제품은 결국 세상에 드러나기 마련입니다. 오로지 제품 자체의 혁신에 최선을 다하세요. 창조적이고 현명한 당신, 결국 누군가가 반드시 알아 볼 것입니다. 오로지 당신 스스로 창조성과 현명함을 갖추는데 최선을 다하세요.

23 경청하세요.

希言自然
희 언 자 연

자연은 말이 거의 없다.

광고의 홍수 속에 묵언이 가장 강력한 광고일 수 있습니다. 자기 자랑의 범람 속에 말없는 당신이 오히려 남들로부터 더 큰 주목을 받을 수 있습니다. 말을 줄이세요. 그리고 경청하세요.

24 자랑하지 마세요.

自見者不明　自是者不彰　自矜者不長
자 현 자 불 명　자 시 자 불 창　자 긍 자 부 장

自伐者無功
자 벌 자 무 공

스스로 자랑하는 자는 드러나지 않고, 스스로 자신을 옳다고 주장하는 자는 인정받지 못하며, 스스로 떠벌리는 자는 공덕이 없어지고, 스스로 뽐내는 자는 대장이 될 수 없다.

스스로 자신을 자랑하거나 드러내려고 하지 마세요. 세상의 임은 내 자랑에 상관없이 그 실체를 스스로 드러내게 됩니다. 현재 세상 최고인 제품, 디자인 및 기술도 또 다른 최고가 나타나서 사라지기 마련입니다.

5강

人法地
인 법 지

25 물 흐르듯 끊임없이 변화하세요.

人法地 地法天 天法道 道法自然
인 법 지 지 법 천 천 법 도 도 법 자 연

사람은 땅을 본받고, 땅은 하늘을 본받고 하늘은 도를 본받고

도는 자연을 본받느니다.

변화하지 않듯 하면서 끊임없이 변화하는 자연을 본받으세요. 고정된 삶의 현장에서 변화의 역동성을 찾으세요. 무한히 변화하되 변화하지 않는 것이 혁신의 본질입니다. 시장의 자연 질서를 따르는 개방형 혁신 기업은 장수합니다. 세상의 자연 질서를 따르는 열린 당신은 세상의 인심을 얻게 될 것입니다.

26 단순하고 단출한 전략을 권합니다.

重爲輕根 靜爲躁君
중위 경근 정위 조군

무거움이 가벼움의 근본이며, 고요함이 시끄러움이 으뜸이다.

무겁고 고요하게 처신하세요. 절대 가볍고 조급하지 마세요.

기업들에게 해심 제품들 중심의 단순한 제품 구성전략을 권고합니다. 결코 단순하지 않은 전략입니다.

일정 간격을 두고 주기적으로 혁신제품을 출시하는 전략은 결코 단출한 전략이 아닙니다.

27 누구도 당신의 스승이 될 수 있습니다.

善人者 不善人之師, 不善人者 善人之資
선인자 불선인지사, 불선인자 선인지자

선한 자는 선하지 않은 자의 스승이 되고,

선하지 않은 자는 선한 자의 판단의 준거가 된다.

주위에 있는 어떤 상대도 당신에게 보탬이 되고 스승이 될 수 있음을 명심하세요. 어떠한 대상으로부터도 새로운 아이디어와 지식과 정보를 얻는데 주저하지 마세요. 모두 당신의 스승이고 보탬이 되는 존재들입니다.

28 겸손하게 자신을 낮추세요.

知其白守其黑 爲天下式
지 기 백 수 기 흑 위 천 하 식

밝음을 알고 어두움을 스스로 지키면, 이것이야말로 천하의 법도가 된다.

당신이 최고의 능력을 갖추었을 때, 더 더욱 겸손하게 자신을 낮추세요. 자신의 분야에서 최고의 기업들은 늘 스스로를 되돌아보고 현재의 이익에 안주하지 않으며 기득권을 버리고 과감하게 새로운 도전에 나섭니다.

29 세상일은 내 마음대로 되지 않습니다.

天下神器 不可爲也 爲者敗之 執者失之
천 하 신 기 불 가 위 야 위 자 패 지 집 자 실 지

천하는 신기한 그릇같아서 억지로 되는 것이 않는다. 억지로 도모하는 자는
패배하게 되면 고집을 피우는 자는 자신의 것을 잃게 된다.

세상일을 당신 뜻대로 하려고 하지 마세요. 반드시 실패하고 후환이 뒤따릅니다. 당신이 도모하는 기술
과 시장, 그 연결과 결함 또한 억지로 한다면 도모하는 바대로 절로 되지 않습니다.

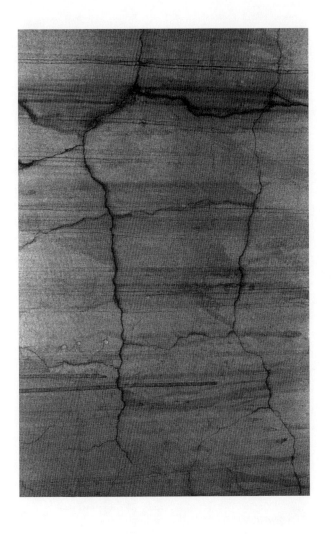

30 타인과 공존을 도모하세요.

不道早已
부 도 조 이

도가 아니면 금방 쇠악해진다.

세상에 당신이 완전히 독점할 수 있는 시장은 존재할 수 없습니다.

나의 일방적인 승리는 결코 완전한 승리가 아닙니다. 타인과 공존을 도모하세요. 남들을 이길 때에도 마

지못해서 이기는 듯, 나와 다른 사람이 함께 이기는 공동의 전략과 비즈니스 모델을 추구하세요.

గురి

佳兵不祥

가 병 불 상

31 힘으로 남을 제압하지 마세요.

夫佳兵者不祥, 物或惡之. 故有道者, 不處
부가병자불상, 물혹오지, 고유도자, 불처

비록 아름다운 군대라도 상스럽지 못한 것으로 조물주가 싫어한다.

도가 있는 것은 그렇지 않다.

힘이나 권력으로 타인에게 작은 기업을 제압하지 마세요. 내주는 것이 진정 타인의 동의와 지지를 얻는 길입니다. 구글이 안드로이드 OS를 만들어 공짜로 제공함으로써 결국 삼성 등 전 세계 스마트폰 제조업체들을 자사의 마케팅 담당으로 활용하고 있습니다. 타인이 필요로 하는 것을 내주는 것이 무력을 사용하는 것보다 더 크고 지속가능한 영향력을 발휘하는 길입니다.

32 명예를 좇지 마세요.

道常無名

도 상 무 명

도의 실체는 명명할 수 있는 이름이 없다.

명예를 좇지 마세요. 명예나 명성은 실체가 없는 허상에 불과합니다. 혹여 명성이 생기더라도 연연하지 말고 물러남에 주저하지 마세요. 기업이 이름을 좇는 순간 세상을 향한 열린 자세가 경직되고 쇠퇴의 길로 들어서게 됩니다.

33 자신을 깊이 성찰하세요.

知人者智 自知者明
지 인 자 지 　 자 지 자 명

타인을 아는 자는 지혜롭고 자신을 아는 자는 밝다.

세상의 눈을 통해 보는 열린 자세로 자신을 깊이 성찰하세요. 시장의 요구와 기대에서 출발해 기업 내부를 들여다보는 기업 내부 성찰이 필요합니다. 스스로의 시장조사 보다 시장으로부터 전해지는 자사 제품에 대한 평가가 더 의미 있습니다.

34 자신을 낮추면 존경을 받게 됩니다.

以其終不自爲大 故能成其大
이 기 종 부 자 위 대   고 능 성 기 대

성인은 스스로 위대하다고 하지 않음으로써 바로 위대해진다.

자신을 낮추는 자가 남의 존경을 받습니다. 스스로 자랑하는 자는 결코 남의 존경을 받지 못합니다. 제품으로 소비자가 어떤 일을 할 수 있는지 일껏 주기만 하면 됩니다. 당신이 제공하는 제품이나 플랫폼이 다른 기업들이나 소비자들을 이롭게 한다면, 그 결과 진정 당신 기업이 명예를 얻게 됩니다. 스스로 얼마나 훌륭한지 자랑하지 마세요.

93

35 세상으로 자신을 채우세요.

執大象 天下往, 任而不害 安平泰
집 대 상 천 하 왕, 왕 이 불 해 안 평 태

큰 형상을 잡고 세상에 나아가니,
는 해가 없어서 안전하고 평온하고 태평하다.

세상이 도움입니다. 나를 내려놓고 세상으로 나를 채우세요. 그러면 근심이 없어집니다.
시장이 도움입니다. 시장의 요구와 기대와 아이디어와 지식으로 당신 기업을 채우세요. 그러면 기업이 지속적으로 성장할 것입니다.

36 필요한 걸 먼저 내 주세요.

將欲歙之　必固張之

장 욕 흡 지　필 고 장 지

- 장차 얻고자 한다면, 필히 먼저 베풀어야 한다.

타인에게 받고 싶은 것이 있습니까? 먼저 그가 필요로 하는 것을 내 주세요. 당신 기업이 획득하고자 하는 목표가 있습니까? 그럼 시장이 바라는 바를 먼저 내주세요.

애플사가 세련된 소비자들이 고대하는 앱스토어라는 개방형 비즈니스 모델을 세상에 내놓음으로써 세계 최고의 스마트산업 생태계 자체를 얻었습니다.

道常無爲

도상무위

37 내 뜻대로 일하지 마세요.

道常無爲 而無不爲
도 상무 위 이 무 불 위

도는 억지로 하지 않기 때문에 하지 못하는 바가 없다.

내 뜻대로 일하지 마세요. 상대가 바라는 방법으로 당신이 원하는 바를 달성하도록 하세요. 타 기업에 대한 인수 합병(M&A) 추진 시, 상대가 원하는 방식으로 당신 기업이 원하는 바를 달성하는 것이 최상의 결과를 만들어 냅니다. 디즈니(Disney)사가 스티브 잡스(Steve Jobs)를 디즈니의 최대 주주로 만들어 주고 픽사(Pixar)를 인수 합병하였습니다.

38 말 보다는 가치입니다.

上德無爲　是以有德,　下德不失德　是以無德
상덕무위 시이유덕, 하덕불실덕 시이무덕

높은 덕을 지는 사람은 덕을 염두에 두지 않아서 덕이 있다.

덕이 낮은 사람은 덕을 잃지 않으려고 늘 전전긍긍하기 때문에 덕이 없다.

말이 덕은 이미 전달에 있습니다. 그 외에 모든 화려한 언변은 말의 덕을 훼손할 뿐입니다. 1995년 스테포드대학 강의에서 스티브 잡스가 단 몇 분 만에 행한 짧은 연설을 기억하십십니까? 어떠한 화려한 언변 없이 말하고자 하는 요지만 밝힌 그 연설은 덕이 있어 있습니다. 제품의 덕은 사용자의 만족 극대화에 있습니다. 다. 다른 모든 것은 아무리 여지로 꾸며도 결국 의미 없습니다. 오로지 제품의 성능과 디자인이 얼마나 고객을 흡족하게 하느냐에 달려있습니다.

39 자신을 낮추면 귀해집니다.

貴以賤爲本 高以下爲基
귀 이 천 위 본   고 이 하 위 기

귀한 것은 천한 것을 뿌리로 삼고

높은 것은 낮은 것을 바탕으로 한다.

자신을 낮추지 않고는 귀하게 될 수 없습니다. 명예와 존경은 스스로를 바람으로 남들이 따르는 것이지 자존심을 앞세우고 잘 난 척해서는 남들의 존경을 얻을 수 없습니다. 기업의 브랜드는 소비자의 만족도 가 결정하는 것이지 결코 다른 무엇이 정하는 것이 아닙니다. 따라서 기업 브랜드 제고 전략은 소비자의 요구와 기대를 가장 크고 창조적으로 만족시키는 것이 해심임니다.

40 열린 혁신은 지속성장의 원동력입니다.

反者 道之動, 弱者 道之用

반자 도지동, 약자 도지용

처음으로 되돌아가는 것에 바로 도의 역동성이 있으며,

스스로 약한 곳에 처함에 도의 작용이 있는 것이다.

인간이든 자연이든 태초의 존재로 돌아가기 마련입니다. 기업도 시장의 변화 속에서 태어나 성장하고

난 뒤 처음의 존재하지 않았던 때처럼 소멸하게 됩니다. 다만, 세상의 변화에 맞추어 끊임없는 열린 혁신

을 지속함으로써 그 시간을 계속 뒤로 미룰 수 있을 뿐입니다.

41 총명하지 않은 듯 총명하세요.

明道若昧, 進道若退

명 도 약 매 , 진 도 약 퇴

밝은 도는 어두운 듯 하고, 나아가는 도는 물러나는 듯하다.

총명하지 않은 듯하면서 총명하면서 물러나는 듯하면서 나아가세요. 그러면 적을 만들지 않으면서 자신을 세상에 드러내게 될 것입니다.

당신회사 제품을 소비자가 순간 잘못 판단한다고 해도 본질이 바뀌는 것이 아니니 걱정하지 마세요. 탁월한 제품은 시장이 후미진 곳에 두어도 결국 드러나기 마련입니다.

42 부드러운 태도를 유지하세요.

強梁者不得其死

강 량 자 부 득 기 사

강하고 세기가 센 사람은 제 명에 죽지 못한다.

부드러운 태도를 유지하세요. 그러면 남의 공격을 받아 지명적인 손상을 당하지는 않을 것입니다. 기업은 소비자, 공급자, 관련기업들과 부드럽고 개방적이며 협력적인 관계를 유지해야 합니다. 그러면 결코 당하지 않을 것입니다.

天下之柔

천하지유

43 유약함이 강직함을 이깁니다.

天下之至柔 馳騁天下之至堅
천 하 지 지 유 치 빙 천 하 지 지 견

천하에 약한 것이 천하의 강한 것을 이긴다.

결국에는 유약함이 강직함을 이깁니다. 외부의 영향에 유연하게 대처하는 기업이 그렇지 못한 기업과의

경쟁에서 반드시 이깁니다.

44 멈추면 남의 공격을 받지 않습니다.

知足不辱 知止不殆 可以長久
지 족 불 욕　지 지 불 태　가 이 장 구

만족을 알면 굴욕을 당하지 않고, 멈출 줄 알면
위태롭지 않고 오래 갈 수 있다.

스스로 만족하여 멈추면 남의 공격을 받지 않고 오래 살 수 있습니다. 기업 관계의 안정과 공동 번영도 결국 욕심을 내려놓음에 있습니다.

117

45 부족함이 도를 品 간직하세요.

大辯若訥
대 변 약 눌

아주 말을 잘하는 것은 어눌한 듯하다.

부족한 듯한 가득함이 인간관계의 해심입니다. 부족함이 너너한 도로 자신을 채우세요. 혁신적인 제품의 기능과 디자인도 부족한 듯해야 합니다. 부족한 듯한 단순함으로 신제품의 혁신적 기능과 무한한 퍼텐즈를 창출하세요.

46 안분지족하세요.

禍莫大於不知足
화 막 대 어 부 지 족

만족할 줄 모르면 엄청난 화를 입게 된다.

안분지족하세요. 마음의 평화를 얻을 것입니다. 매일의 생활에 만족하세요. 그러면 당신에 대한 만족도
도 함께 높아질 것입니다.

47 세상의 본질을 직관하세요.

不見而明, 不爲而成
불 견 이 명 , 불 위 이 성

깊이 성찰하면 보지 않고도 알 수 있고,

행하지 않고도 그 일을 성공리에 마칠 수 있다.

깊이 세상의 본질을 직관하세요. 직관이 창조성의 원천입니다. 내 안을 들여다보면, 세상이 그 안에 있습니다. 세상만 내다보면 내 안에 세상은 없고 껍데기와 욕심만이 가득 차게 됩니다.

123

48 매일 당신의 생각을 덜어내세요.

爲道日損 損之又損 以至無爲
위 도 일 손 손 지 우 손 이 지 무 위

도를 따르는 것은 매일 매일 순해를 보면서 덜어내는 것이다.

순해를 보면서 조금씩 조금씩 드러내다보면, 무위의 경지에 이르게 된다.

매일 매일 당신의 생각을 덜어 내세요. 가장 창조적인 혁신은 기능과 디자인의 덜어냄에서 연유함을 명심하세요.

 భాగం

善者吾善之

선자오선지

49 스스로 선한 사람이 되세요.

善者吾善之, 不善者吾亦善之 德善矣
선자 오선지 , 불선자 오 역선지 덕선 의

착한 자를 착하게 대하고, 착하지 못한지를 포한 착하게 대하니

이는 덕이 선하기 때문이다.

스스로 선한 사람이 되세요. 기업 또한 소비자와 시장에 대해 선한 존재가 되도록 노력하세요.

129

50 현재를 창조적으로 사는데 집중하세요.

出生入死

출 생 입 사

태어나면 반드시 죽는다.

당신이 어떤 상황에 있던 일정한 시간 후에 죽음에 임하게 됩니다. 지금 이순간의 현재의 삶을 가장 창조적으로 사는 데 집중하세요. 당신 기업 또한 언제가 소멸하게 됩니다. 하지만, 현재 이 순간에는 기술과 시장의 창조적 연결을 멈추어서는 안 됩니다.

51 베푸세요.

生而不有 爲而不恃 長而不宰 是爲玄德
생 이 불 유 위 이 불 시 장 이 부 재 시 위 현 덕

도는 세상 만물을 낳지만 소유하지 않고, 행하되 의지하지 않고,

기르되 기대지 않으니 이것을 일러 현묘한 덕이라 한다.

베푸세요. 그리고 어떤 대가도 바라지 마세요. 기업이 베풀면 두 번의 대가를 받습니다. 세상인심과 내부

직원들의 행복이 그것입니다.

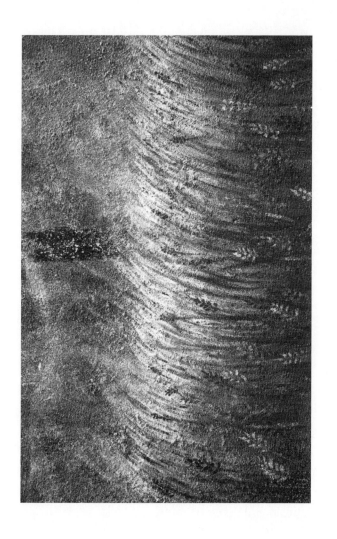

133

52 앞에 놓인 작은 일에 집중하세요.

塞其兌 閉其門, 終身不勤

색 기 태 폐 기 문 , 종 신 불 근

구멍을 막듯 색을 멀리하고, 문을 닫아 곁에 잠그듯

세상일에 나서지 않으면, 평생 수고롭지 않다.

멀리 있는 즐거움을 좇거나 남의 일에 눈 돌리지 마세요. 오로지 당신 앞에 지금 놓여 있는 작은 일에 집중하세요, 제품이 소비자를 만나는 당장의 상황에 집중하세요.

53 어떠한 지름길도 없습니다.

大道甚夷, 而民好徑
대 도 심 이 , 이 민 호 경

큰 길은 평탄해 특별해 보이지 않는다.
그래서 사람들은 지름길을 좋아한다.

인생에는 성공으로 가는 어떠한 지름길도 없습니다. 당신 앞에 주어진 길을 뚜벅뚜벅 최선을 다해서 걸어가세요. 기업 성장에도 어떠한 특별한 비결이 없습니다. 새로운 아이디어와 지식으로 무장한 채 멈추지 말고 계속 혁신하세요.

54 세상을 당신에게 맞추지 마세요.

善建者不拔, 善抱者不脫

선건자불발 , 선포자불탈

선한 태도로 덕을 세우는 사람은 뽑히지 않고,

덕을 간직한 사람은 이탈하지 않는다.

세상을 당신에게 맞추려고 하지마세요. 결코 맞추어지지 않습니다.
타인을 존중하세요. 소비자를 당신 제품에 꿰맞추려 하지마세요. 소비자의 창조적이고 미래 지향적인
기대를 존중하고 기업이 모든 능력을 발휘하여 소비자의 마음을 충족시키세요.

139

107쪽

含德之厚

함 덕 지 후

55 어린아이에게서 배우세요.

含德之厚, 比於赤者

함 덕 지 후, 비 어 적 자

두터운 덕을 지닌 사람은 벌거숭이 아이 같다.

어린아이에게서 배우세요. 어린아이는 세상의 모든 새로운 것에 열려 있어 멈추지 않고 계속 성장합니다. 세상의 수많은 새로운 지식과 아이디어에 열려 있고 그것을 혁신으로 연결하는 기업은 멈추지 않고 계속 성장합니다.

56 남에게 떠벌리지 마세요.

知者不言, 言者不知

지 자 불 언 , 언 자 부 지

아는 자는 말이 없고, 말하는 자는 알지 못한다.

당신이 아는 바를 남에게 떠벌리는 일에 힘쓰지 마세요. 당신의 무지가 드러나고 타인의 원한만 쌓일 뿐입니다. 뿐만 아니라, 당신이 떠드는 순간 정작 당신에게 들어와야 할 창조적이고 가치 있는 아이디어와 생각들이 막힙니다. 당신이 모르는 바를 적극적으로 밝히고 남에게 구하세요. 당신의 현명함이 드러나고 인정을 받을 것입니다.

57 절대 강요하지 마세요.

我無爲而民自化 我好靜而民自正
아 무 위 이 민 자 화 아 호 정 이 민 자 정

군주가 무위로 다스리면 백성이 저절로 순화되고,

군주가 떠벌리지 않고 고요함을 지키면 백성이 올바르게 된다.

당신이 소유한 기업이나 속한 조직이 탁월한 성과를 달성하기를 원하십니까? 절대로 구성원들에게 실적을 강요하지 마세요. 다만, 스스로 창조적인 아이디어를 제안하고 실현할 수 있도록 최선을 다해서 조용히 지원하세요.

58 여우륵함을 숨기지 마세요.

其政悶悶, 其民淳淳
기 정 민 민 , 기 민 순 순

백성을 다스리는 정치가 어리숙하면, 백성이 순박해진다.

당신의 여우륵함을 억지로 숨기지 마세요. 상대가 더 많은 것을 내어놓고 당신의 공감을 구할 것입니다. 화려한 정책이나 전략보다 소박함지라도 구체적인 일상의 변화와 개선에 집중하세요.

59 과한 것보다 모자라는 것이 낫습니다.

治人事天, 莫若嗇

치 인 사 천 , 막 약 색

사람을 다스리고 하늘을 섬김에 있어서, 아끼는 것 만한 것이 없다.

많은 것 보다 적은 것이 낫지요. 더 많은 창조적인 것으로 채울 여지가 있기 때문입니다. 많음보다 적음, 복잡함보다 단순함, 화려함보다 검약함을 통해 보다 창조적인 새로운 기술-시장 결합 비즈니스 모델을 모색하세요.

60 아무리 큰일도 담담하게 처리하세요.

治大國 若烹小鮮

치 대 국 약 팽 소 선

대국을 다스리는 것을 작은 생선을 굽듯이 하라.

아무리 큰일도 작은 일인 양 담담하게 처리하세요. 떠들썩하게 법석 떨 것 없습니다. 시간이 지나면 결국 다 이루어집니다.

153

11장

大國者下流

대 국 자 하 류

61 아낌없이 내놓으세요.

大國者下流 天下之交 天下之牝
대 국 자 하 류　천 하 지 교　천 하 지 빈

대국이 스스로를 낮추면, 천하와 교류하여, 세상의 어머니와 같이 된다.

당신이 가진 것을 아낌없이 내놓으세요. 더 많은 것을 얻을 수 있습니다. 그리고 자신을 낮추고 타인의 요구에 귀 기울이세요. 당신 회사를 플랫폼화하세요. 더 많은 공급자와 소비자들이 당신 회사를 통해 이익을 얻게 하세요. 결국 당신 기업에 더 많은 이익이 돌아 올 것입니다. 애플은 자신이 만든 iTunes 음악 플랫폼에 누구나 음악을 올리고 팔 수 있게 하여, 모바일 시대 음원 불법유통으로 고통 받던 음악 산업계와 음악가들에게 새로운 기회를 제공하였습니다. 이를 통해 애플은 다시 세계 최고의 기업으로 도약하는 기회를 얻었습니다.

62 인간적인 도리를 지키세요.

道者萬物之奧, 善人之寶, 不善人之所保
도 자 만 물 지 오 , 선 인 지 보 , 불 선 인 지 소 보

도는 만물이 근원으로 착한사람에게는 보배가 되고
악한 사람에게는 그를 지켜주는 역할을 한다.

인간적인 도리를 지키세요. 스스로를 보호하고 세상에서 당신이 인정받는 출발점이 될 것입니다. 기업을 경영함에 있어서도 인간의 도리를 지키는 것이 시장에서 소비자에게서 호응을 받는 가장 중요한 요소임니다. 애플이 아이튠스(iTunes) 음악시장을 개척하는데 성공한 것은 한 원인은 음악 창작자들에게 정당한 대가를 지불하고자 한 인간적인 도리였습니다.

63 매 순간에 집중하세요.

爲無爲 事無事 味無味 大小多少 報怨以德
위 무 위 사 무 사 미 무 미 대 소 다 소 보 원 이 덕

무위로 위를 삼고 무사로 사를 삼고 무미로 미를 삼고,

크고 작고 많고 적고 간에 원수를 덕으로 갚는다.

현재 지금 이 순간에 집중하세요. 새롭고 특별하고 별난 무엇이 더 나온 것은 결코 아닙니다. 지금 닥친 일에 오로지 집중하세요. 어떠한 다른 의도와 목적을 의식하는 순간, 당신의 눈과 귀가 막히고 기억에는 필요로 하는 정보가 제때에 전달되지 않게 됩니다.

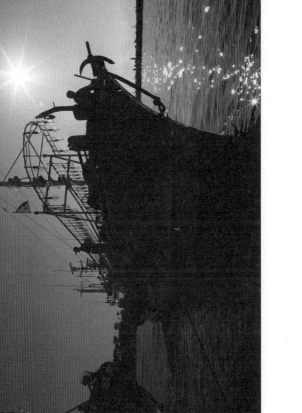

64 늘 시대와 환경의 요구를 살피세요.

聖人無爲 故無敗, 無執 故無失
성 인 무 위   고 무 패 , 무 집   고 무 실

성인은 무위로 도모하기에 패배함이 없고

고집함이 없기에 놓치지 않느니.

당신이 하고 싶은 일을 억지로 도모하지 마세요. 환경과 상황과 시대가 당신에게 무엇을 요구하는지 쉬지 말고 살펴서 행하세요. 당신 기업의 기존 비즈니스 모델을 고집하지 마세요. 지금 이순간의 시장의 요구에 대응하여 늘 새로운 기술-시장 결합을 멈추지 마세요.

65 순박하게 하루를 살아가세요.

古之善爲道者, 非以明民, 將以愚之
고 지 선 위 도 자 , 비 이 명 민 , 장 이 우 지

예부터 도를 잘 실천하는 사람은 백성을 밝게 하지 않고
하늘의 도리에 따라 순박하게 하루를
살아가게 하였다.
장차 어수룩하게 한다.

똑똑한 논리나 대단한 명분에 기대지 말고, 하늘의 도리에 따라 순박하게 하루를 살아가세요. 탁월한 경영자 식이 아니라 순박한 마음으로 기업을 이끄세요. 논리보다 순박함과 덕성을 갖춘 리더가나 · 외부의 요구에 열려있음으로써 더 큰 가치를 실현할 수 있습니다.

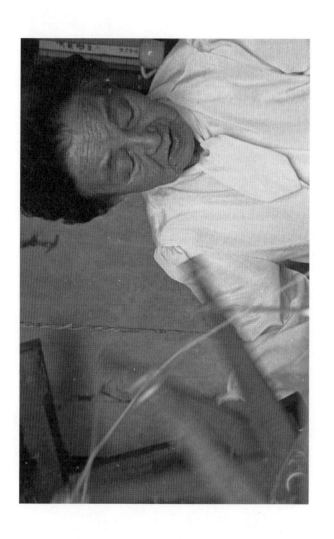

66 남들보다 뒤에 머물러 있으세요.

江海所以能為百谷王者　以其善下之　故能為百谷王, 欲先民　必以身後之
강 해 소 이 능 위 백 곡 왕 자　이 기 선 하 지　고 능 위 백 곡 왕,　욕 선 민　필 이 신 후 지

강과 바다가 온갖 골짜기의 왕노릇을 하는 것은

이들보다 아래에 있기 때문이다.

백성보다 앞서고자 한다면, 이들보다 뒤에 몸을 두어야 한다.

남들보다 뒤에 머물러 있으세요. 그러면 남들의 진솔한 이야기와 참신한 아이디어를 들을 수 있습니다. 동종업종 기념 모임이나 엄숙식의 기념모임에서 앞에 나서기보다 조용히 뒤에 머물러 계세요. 다른 기념들의 요구와 기대, 그리고 창조적인 아이디어에 귀 기울이세요. 고객과의 만남의 장에서도 나 서서 당신 기업을 홍보하기 보다는 고객의 살아있는 목소리에 귀 기울이세요.

167

67 자애롭고, 검소하고, 겸허하세요.

慈故能勇, 儉故能廣, 不敢爲天下先故能成器長
자 고 능 용 , 검 고 능 광 , 불 감 위 천 하 선 고 능 성 기 장

자애로서 용맹해지고, 검소함으로써 널리 베풀 수 있고,
감히 천하에 나서지 않음으로써 세상을 경영할 수 있다.

자애롭고, 검소하고, 겸허하면 용맹해질 수 있고, 타인과의 만남, 기업 경영, 기업의 새로운 전략 수립에 있어서도 자애롭고, 검소하고, 겸허한 자세를 가지세요.

제7장

善戰者不怒

선 전 자 불 노

68 말하지 않고 원하는 바를 실현하세요.

善戰者不怒　善勝敵者不與　善用人者爲下之
선 전 자 불 노　선 승 적 자 불 여　선 용 인 자 위 하 지

전쟁에서 잘 싸우는 자는 화를 내는 법이 없으며,

전쟁에서 잘 이기는 자는 적과 맞붙지 않으며,

사람을 잘 다루는 자는 그들 밑으로 들어간다.

화내지 말고, 맞붙지 말고, 남들의 위에 있지 마세요. 그러면, 말하지 않으면서 원하는 바를 상대가 실현
하도록 할 수 있습니다. 가장 능력 있는 상인은 스스로 제품을 팔지 않으면서 이익을 남기는 것입니다.

69 세상에 하찮은 존재는 없습니다.

福莫大於禍敵
화 막 대 어 경 적

적을 가볍게 여기면 화를 막대하게 입는다.

세상에 당신이 함부로 대해도 될 하찮은 존재는 단 한명도 없습니다.

당신의 기엄 활동에 전혀 고려하지 않아도 될 볼품없는 기엄이나 고객은 세상에 단 하나도 없습니다. 깊이 간직하세요.

70 사물의 본질에 집중하세요.

聖人被褐懷玉

성 인 피 갈 회 옥

성인은 누더기 같은 갈옷을 걸치고 입고 있지만
귀한 옥을 품고 있는 것과 같다.

겉치레에 눈멀지 말고 사물의 본질에 집중하세요. 스티브 잡스는 항상 운동화에 청바지 그리고 검은색 티를 입고도 모든 중요한 발표에서 청중을 압도하였습니다. 세계적인 혁신제품을 만들고 싶습니까? 껍데기가 아니라 본질에 집중하세요.

177

71 당신이 아는 바가 없음을 시인하세요.

知不知上 不知知病, 夫惟病病 是以不病
지 부 지 상 , 부 지 지 병 , 부 유 병 병 시 이 불 병

알고도 모른다고 하는 것은 상이고,

모르고도 아는 것처럼 하는 것은 병이다.

병을 병으로 아는 것은 병을 앓지 않는 방법이다.

당신이 아는 바가 없음을 시인하세요. 그리고 세상의 수많은 지식과 아이디어를 듣고 배우는 일을 게을리 하지 마세요. 당신 기업에 새로운 기술과 비즈니스 모델이 늘 부재함을 늘 시인하세요. 그리고 세상에 존재하는 창조적인 기술과 비즈니스 모델 탐색에 게을리 하지 마세요.

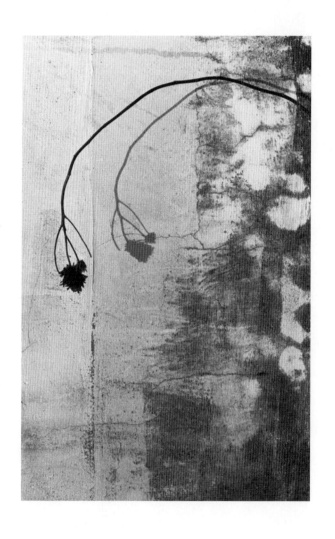

72 당신이 아는 바를 드러내지 마세요.

聖人自知 不自見
성 인 자 지 부 자 견

성인은 스스로 알지만, 드러내지 않는다.

당신이 아는 바를 드러내지 마세요. 그러면, 외부와 지식 및 아이디어의 공유가 더욱 활발해질 것입니다. 스티브 잡스는 매주 일요일 경영진 회의에서 중종 스스로 논의의 반대편에 서서 모르는 바를 제시함으로써 회의를 3~4시간에서 9~10시간까지 연장시키면서까지 창조적 생각을 나누는 장을 이끌고 하였습니다.

73 함부로 나서지 마세요.

勇於敢則殺 用於不敢則活
용 어 감 즉 살   용 어 불 감 즉 활

여지로 하느니는 용감하면 죽음을 당하고,
여지로 하지 않느는 용감하면 활발하게 산다.

절대 함부로 나서지 마세요. 그건 결코 용기가 아닙니다. 단지 성급한 것에 불과합니다. 기업 경영에서
소비자들에 대한 깊은 성찰이나 그들과의 소통 없이 함부로 신제품 혁신에 나서지 마세요.

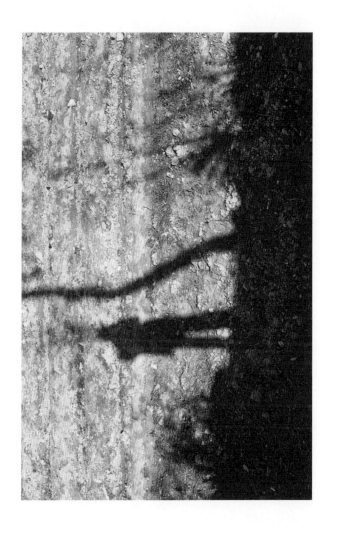

183

74 창조적 문화와 시스템을 갖추세요.

民不畏死 奈何以死懼之
민 불 외 사 내 하 이 사 구 지

백성들이 죽음을 두려워하지 않는데
어찌 죽임에 대한 위협으로 백성을 겁줄 수 있겠는가?

위협으로 상대를 온전히 따르게 할 수 없습니다. 상대가 위협을 감수하고자 나서는 순간, 당신은 바로 빼
져 나올 수 없는 위기에 처하게 됩니다. 위기 경영으로 기업의 혁신을 지속할 수 없습니다. 일상화된 위기
는 위기가 아니기 때문입니다. 기업이 위기경영의 일상화에 빠지는 순간 극복할 수 없는 위험에 빠지게
됩니다. 차라리 품임없이 새로운 지식과 아이디어가 생산되고 유통될 수 있는 창조적 문화와 시스템을
갖추세요.

137º

無以生爲

무이 생위

75 억지로 도모하지 마세요.

夫惟無以生爲者 是賢於貴生
부 유 무 이 생 위 자 시 현 어 귀 생

무릇, 삶을 인위적으로 도모하지 않는 자가,
삶을 귀하게 여기는 자보다 낫다.

억지로 삶을 도모하지 마세요. 삶에서 억지로 하고자 하는 바가 없으면 삶이 생기 있어 집니다. 억지로 기업의 혁신이나 변화를 도모하지 마세요. 개방적 태도로 기업 외부의 다양한 채널들에서 제기되는 지식과 아이디어들을 가만히 살피는 바 보다 못합니다.

189

76 자기생각을 고집하지 마세요.

強大處下, 柔弱處上

강 대 처 하 , 유 약 처 상

강하고 큰 것이 아래에 처하고, 약하고 부드러운 것이 위에 처하게 된다.

자기 생각을 고집하면 당신은 절대 높은 자리에 오를 수 없습니다. 기업이 스스로 가진 기술과 능력에 집 착하면 절대 계속 성장하거나 생존할 수 없습니다.

77 남의 부족을 먼저 채워주세요.

天之道 損有餘而補不足
천 지 도 손 유 여 이 보 부 족

하늘의 도는 여유있는 것을 덜어내어 부족한 부분을 채우는 것이다.

당신의 여유를 덜어 남의 부족을 채우세요. 그러면 타인이 자신의 여유를 덜어 당신의 부족을 채워줄 것입니다. 당신 기업의 강점을 덜어 고객에게 부족한 부분을 좀 더 채우세요. 그러면 고객이 자신의 여유를 덜어, 당신 기업의 부족한 수입을 채워줄 것입니다.

78 한없이 유연해지세요.

弱之勝强, 柔之勝剛

약지 승 강 , 유 지 승 강

약한 것이 강한 것을 이기고, 부드러운 것이 굳센 것을 이긴다.

한없이 유연한 자세를 취하세요. 많은 사람들이 새로운 지식과 아이디어 그리고 온갖 도움을 주고자 나설 것입니다. 기존 전략이나 비즈니스 모델을 고집하지만 말고 새로운 기술과 비즈니스 모델을 유연하게 수용하세요.

79 원한을 만들지 마세요.

和大怨 必有餘怨, 安可以爲善
화 대 원 　 필 유 여 원 ,　안 가 이 위 선

큰 원한은 풀더라도 반드시 일부 원한이 남으니

어찌 이을 잘했다고 할 수 있겠는가?

원한을 만들지 마세요. 남을 사랑하고, 자신을 낮추고, 검소하게 살면 원한이 없습니다. 기업에 반대하는 세력을 만들지 마세요. 소비자 한명 한명과 늘 소통하고 소비자의 목소리에 귀 기울이면 안티세력이 없습니다.

80 서로 소통하세요.

小國寡民

소 국 과 민

나라가 작고 인구가 많지 않음.

항상 서로 소통하세요. 소통이 원활하지 못하면 반드시 서로에 대한 불신이 싹틉니다. 기업의 내부 구성원들 사이에뿐만 아니라 고객과의 의사소통을 원활히 하세요. 의사소통이 원활하지 못한 기업은 반드시 위기에 처합니다. 스티브 잡스는 회의 없는 문화 보다 진지한 소통이 훨씬 소중하고 필요한 기업문화임을 늘 강조했습니다. 픽사(Pixar) 캠퍼스나 애플사의 새로운 본사 설계의 원칙이 전 구성원이 필연적으로 서로 소통할 밖에 없는 물리적 구조로 구성하였습니다.

81 상대가 이익을 얻도록 하세요.

旣以與人 己愈多
기 이 여 인 기 유 다

내가 가진 것을 남에게 주면, 오히려 내가 가진 것이 늘어난다.

상대가 충분한 이익을 얻을 수 있도록 최선을 다하세요. 그러면 반드시 당신에게 더 많은 혜택이 돌아올 것입니다. 항상 소비자가 충분한 이익을 얻을 수 있도록 최선을 다하세요. 그러면 반드시 기업에게 더 많은 혜택이 돌아올 것입니다.

보론

개방형 혁신의 철학적 기초에 관한 연구[1]

1. 서론

지식기반 경제시대가 도래함에 따라, 누구나 지식의 홍수 속에 살아가게 되었다. 필요한 지식과 아이디어를 기업 내부에서만 구하는 것이 비효율적인 시대가 된 것이다. 개인 차원에서도 어떠한 문제에 적합

---

1) 본 논문은 Yun JHJ, Yang JH, Jung WY, Park KB (2016). The Philosophy of "Open Innovation":Historical Development of the Philosophy of Open Innovation and Its Reflection from Taoism, Journal of Science, and Technology Policy Management에서 게재 확정된 논문을 한글로 번역하여 일부 수정한 것입니다. 본 저서의 내용을 이해하는 학문적 기초가 되는 논문입니다. 개방형 혁신과 기업가 정신 연구자들에게 본 논문을 읽어 보실 것을 권합니다.

한 담을 얼마나 빨리 찾느냐가 그 사람의 경쟁력이 되고 있다. 필요한 지식을 외부에서 구하는 시대는 다른 한편으로 불필요한 혹은 당장 소용없는 지식과 아이디어를 얼마나 효과적으로 외부에 내보내느냐가 개인과 기업의 역량을 결정하는 또 다른 요소가 된다.

지식의 자유로운 유입과 유출에 기초하는 지식 패러다임이 바로 개방형 혁신이다. 그런데 개방형 혁신은 새로운 지식의 개방적 흐름이 특정 기업이나 조직 내에서 패러다임을 만들어 내고 그것이 새로운 창조성으로 연결되어 혁신으로 귀결된다. 새로운 지식과 아이디어의 유입이 다양성을 제고한고 아이디어들 간의 충돌을 촉진하여 결국 새로운 단계의 창조적 혁신으로 귀결된다. 이와 같은 개방형 혁신의 논리적 기초와 완전히 일치하는 것이 바로 노자 철학이다. 나를 비우고 그 자리에 남을 채움으로써 패러다임을 발생시켜 보다 창조적인 방식으로 나를 충만하게 하는 것이 노자의 상선약수(上善若水)철학인 것이다. 나를 낮춤으로써 남을 높여 패러독스 하에서 새로운 차원으로 나를 높이는 것이 바로 노자철학이다. 노자 철학은 비움과 개방의 정신을 통해서 패러독스를 제시하고 무위자연의 창조적 경지에 이르는 길을 밝히고 있다. 따라서, 본 연구에서는 개방형 혁신 논의의 논리적 본질을 노자철학을 통해서 규명

203

함으로써 개방형 혁신 전략과 개방형 혁신 비즈니스 모델이 정보기술(Information Technology)을 기반으로

새로운 산업패러다임으로 등장하는 시대의 정신적 기저를 궁구해 보고자 한다.

본 연구는 기본적으로 문헌분석과 사고실험(Thinking experiment)에 기초해 연구를 진행한다. 개방형 혁

신 패러다임을 제시한 Chesbrough교수의 논의에 대한 인식론적 분석을 통해서 개방형 혁신이 가지고

있는 개념적 내용적 논리 구조를 해석한다. 개방형 혁신 개념의 포괄성과 개념의 다의성 혹은 개념적 모

호성 등의 다양한 추가적 논의들에 대한 분석보다는 개방형 혁신 고유개념의 논리구조에 대한 해석에

집중한다. 다음으로 다양한 분야 즉, 철학, 경제이론 그리고 과학 패러다임 등에 대한 문헌분석을 통해서

개방형 혁신과 폐쇄형 혁신에 대한 논리적 철학적 사조와 전통을 개괄한다. 이상의 논의를 토대로 노자

속 개방형 혁신 철학과 논리에 대한 분석틀을 설정한다.

본 연구는 해심적으로 이상의 논의에서 제시되는 분석틀을 기준으로 해서, 왕필본을 기반으로 하는

조현규(2011)을 참조로 하고 초기 노자를 대변하는 백서본을 기본으로 하는 기세춘(2007a)의 논의를 기준

으로 하였다. 노자의 81개절을 해석 내용 중심으로 개방형 혁신의 논리와 철학을 분석한다.

2. 개방형 혁신의 논리와 사상적 흐름

Chesbrough(2003)은 개방형 혁신을 기업의 기술혁신 전략이자 새로운 경영 패러다임으로 제안하고 있다. IBM의 개방형 혁신 사례에 대한 분석에서 기업이 자신의 활용하지 않는 기술의 적극적인 기업 외 활용뿐만 아니라 기업들이 필요로 하는 기술을 능동적으로 외부에서 획득해서 활용하는 전략의 가치를 제안한 것이다. 이 논의에서 그는 기본적으로 기업을 단위로 기술과 지식의 자유로운 이동으로 개방형 혁신을 정의하고 있다. 피앤지(P&G)와 인텔(Intel) 등 Chesbrough가 개방형 혁신의 개념을 정립하는 과정에서 분석했던 다양한 개방형 혁신의 기업 사례는 기업들이 자신이 개발하지 않은 기술을 외부에서 적극적으로 도입하여 새로운 제품 혹은 공정 혁신으로 연결하거나 내부의 미활용 기술을 외부에서 새로운 혁신 원천으로 활용하는 것을 기본적인 개방형 혁신의 범주로 정의하고 있는 것이다.

Chesbrough(2006)는 여기에 추가하여 개방형 혁신 자체를 목적으로 하는 다양한 비즈니스 모델 특히, 기술과 지식을 기업의 경계를 넘어서 유통하고 소비하는 모델을 개방형 혁신 비즈니스 모델로 정의하고 인텔렉처벤처스(Intellectual Ventures), 이노센티브(Innocentive) 혹은 오션 토모(Ocean Tomo) 등의 구체적 사례

205

들을 자세히 분석한 바 있다. 즉, 개방형 혁신 자체에서 경제적 이익을 창출하는 비즈니스 모델을 개방형

비즈니스 모델로 제시하고 있는 것이다. 특히, 지식과 기술이 거래와 사업화 자체에 초점을 둔 비즈니스

모델들을 개방형 비즈니스 모델로 제시하고 있다. 세상에 존재하는 3가지 종류의 지식, 즉, 경제적 가치

가 있으면서 특허로 보호받고 있는 지식, 경제적 가치는 있지만 특허로 보호받고 있지 않은 지식, 그리고

경제적 가치는 분명하지 않고 법률로 보호 받고 있지 못한 지식 중에서 첫 번째 종류의 지식 거

래에 집중하고 있는 것이 바로 Intellectual Ventures, Innocentive 및 Ocean Tomo 등의 지식 거래형 개방

형 혁신 비즈니스 모델이다. 이러한 비즈니스 모델을 통해 많은 기업들은 자신들이 가진 미활용 지식과

기술을 효율적으로 외부에 판매할 수 있게 된다. 물론 쉽지는 않겠지만, '기술거래'의 제스브로 패러독스

(Chesbrough Paradox of Technology Trade)'를 극복하는 방안인 것이다. 뿐만 아니라 기업들이 필요로 하는 외부

기술을 효과적으로 찾고 안전하게 기업 내부로 도입하여 새로운 혁신으로 연결하게 된다. 있다. 기술거

래의 제스브로 패러독스는 제스브로 스브로 예로우(Arrow Paradox)라는 개념으로 밝힌 바 있다. 하지만, 동

패러독스를 재조명하고 깊이 본질적 특성을 주목하고 개방형 비즈니스 모델로 해결방안 제시하고 있는

그의 시도는 완전히 새로운 것이기 때문에 본인은 그것을 '기술거래의 체스브로 패러다스' 혹은 '체스브로 패러독스'라고 명명한다.

사실 대부분의 새롭고 창조적이고 경제적 가치가 있는 기술은 체스브로 패러독스의 상황에 놓이게 된다. 한편으로 거래의 대상이 되는 기술과 대해서 구매자는 충분히 인지하여 자신이 지불할 맞가 만큼의 가치가 있다고 판단하지 않으면 해당 기술을 구매하려고 하지 않는다. 다른 한편으로 그 구매자가 해당 기술이나 지식의 내용을 맞기를 지불하기 전에 충분히 인지하고 알게 된다면, 경제적 대가를 지불하지 않고 해당 기술을 부당하게 사용하고자 하는 유인이 생긴다. 기술 거래를 둘러싼 이러한 상황을 '기술거래의 체스브로 패러독스' 혹은 '체스브로 패러독스'라고 명명한다. 지식거래형 개방형 개방형 비즈니스 모델들은 각기 나름의 노하우를 바탕으로 체스브로 패러독스를 극복하고 기술거래의 장을 개척하고 있다. 아울러, 체스브로가 바로 개방형 혁신이라는 관점의 창조적 시각으로 동 패러독스에 주목하고 그것을 개방형 혁신 비즈니스 모델이라는 개념적 틀 내에서 분석하고 해석하고 있다.

한편, 모바일 인터넷과 위치정보, 스마트 기기의 발전 그리고 사용자의 혁신 참여 등으로 대변되는 2

차. IT혁명기에 개방형 혁신의 내용적 특성에 주목한 것이 바로 개방형 서비스 혁명(Open Service Innovation)이다(윤진효 2010; Chesbrough 2011). 지식기반 경제시대 개방형 혁신의 내용이 주로 서비스로 귀결되는 측면에 주목한 것이 바로 개방형 서비스 혁신인 것이다. Apple사가 스마트폰 어플(Application)의 거래 장터로 창조한 모바일 앱 거래 비즈니스모델인 앱스토어(Appstore)가 전형적인 개방형 서비스 혁신 비즈니스 모델인 것이다. 개방형 혁신을 통해서 새로운 서비스가 창출되고 유통되고 소비되는 혁신이 개방형 서비스 혁신인 것이다. 소비자 혹은 사용자로서 일반대중의 지식과 기술 수준은 새로운 방식의 혁신적 서비스를 창출하는 원동력이 되고 있다. 전 산업이 개방형 서비스 혁신으로 새로운 지속가능한 성장 동력을 창출한다면 일상품의 덫(Commodity Trap)에 벗어날 수 있다. 예를 들어, 음악의 소비자가 음악 자체의 창조자, 음악 생산의 투자자, 배급자 등의 자격으로 음악 생산에 참여하는 방식, 티셔츠의 소비자가 티셔츠의 디자이너 혹은 평가자로서 티셔츠의 생산에 참여하는 방식, 농산물의 소비자가, 농산물 생산 표준을 정하고, 유통을 정하는 등의 방식으로 농산물의 생산자로 참여하는 것 등이 바로 전산업의 개방형 서비스 혁신인 것이다. 즉, 지식과 아이디어가 개방형 혁신을 통해 기업에 제공됨으로써 기존의 제품

과 서비스 생산, 유통, 소비가 부가가치가 추가된 방식으로 서비스를 더하며 제공하는 혁신이 바로 개방형서비스 혁신인 것이다. 이것이 바로 지식기반 경제시대 개방형 혁신의 실질적 내용인 것이다. 즉, 제 스브로는 개방형 혁신의 개념과 패러다임의 규정 및 제시에서 그것을 비즈니스 모델을 정교화하는 단계를 지나서 드디어 개방형 혁신의 내용적 실체의 분석으로 나아가고 있다. 개방형 서비스 혁신은 개방형 혁신을 통해서 궁극적으로 기존과 물리적으로 다른 창조적 혁신 제품을 제공하는 단계를 지나, 기존과 창조적으로 상이한 서비스를 제공하는 단계에 이르고 있다.

과한혁명의 기준가 된 뉴턴 역학은 전형적인 전형적인 혁신 패러다임을 담고 있다. 기계적 세계관의 틀내에서 과거와 현재를 해석하고 미래를 정확하게 예측하는 합리성은 내재적으로 폐쇄적 패러다임에게 기반하고 있다(김영식 2001). 이러한 폐쇄적 세계관의 전통은 서양의 신고전파와 정체한 패러다임에도 그대로 투영되고 있다. 모든 정보가 공개되고 거래비용이 제로인 상태에서 합리적인 경제인의 경제활동은 수요와 공급의 일치를 통한 합리적 균형에 이른다. 아울러, 장기적 경기변동도 경제체의 틀 내에서 스로 합리적 균형점인 파레토 최적에 도달함을 전제로 하고 있다. 신고전학파의 경제 패러다임 또한 경제시스템을 폐쇄적 시스템으로 전제하고 시스템의 내적 안정을 제시하고 있는 것이다. 그런데 동양의 사상 중 성리학적 전통에 기반한 군자, 맹자, 대학 및 중용 등도 기본적으로 폐쇄적 시스템에 기반한 사상적 체계를 구축하고 있다. 중앙 앞권을 기반으로 봉건적 제후체층, 사민체층, 공상체층 등의 전체적 체급 질서내 자족적이고 안정적인 폐쇄적 시스템이 성리학의 주류적 기반을 형성하고 있는 것이다(기세춘 2007a; 기세춘 2010).

양자역학은 오늘날 물리학 이론으로서 놀랄 만한 성공을 거두고 있음에도 불구하고 인식론적 기반에 대해 논란이 지속되고 있을 정도로 기존의 폐쇄적 물리 세계관에 대한 일대 변혁을 가져왔다(장회익 2002). 즉, 양자역학은 특성과 초기상태를 알고 변화법칙을 고려하면 미래의 특성과 상태를 반드시 예측할 수 있는 것이 아닌 불확정성을 상정하게 될 것이다. 하이젠베르그(Werner Karl Heisenberg)는 양자역학을 미시적 세계에 적용하여 시간과 공간을 동시에 예측하는 것이 불가능하다는 불확정성의 원리(Uncertainty principle)를 제시한 바 있다. 양자역학의 인식론적 영향은 물리적 복잡계 뿐만 아니라 사회경제적 복잡계에 판한 사상적 발전으로 이어졌다. 즉, 개방적 시스템, 복잡계, 불확실성 등이 자연과학뿐만 아니라 사회과학의 새로운 사상적 패러다임으로 등장하는 계기를 제공한 것이 바로 양자역학이다. 예를 들어, 현대 과정철학을 정립한 화이트헤드(Alfred North Whitehead)의 유기체철학의 경우, 상대론과 양자론이라는 현대 물리의 중심사상에 깊은 뿌리를 내리고 있다(권오박 2011). 한편 슘페터(Joseph Schumpeter)는 경제 발전의 균형을 부정하고 창조적 파괴(Constructive destruction)에 의한 혁신과 불균형 성장의 패러다임을 제시하였다. 경제시스템의 폐쇄성, 예측가능성 등을 부인하고 창조적 기업가 정신, 혁신을 주도하는 대규모 기업 등에 의한 불연속적인 발전을 제시한 것이다(Schumpeter 1942). 슘페터 경제 패러다임은 현재 많은 경영경제 연구에서 개방형 시스템을 상정하고 롱테일 경제(Long Tale Economy), 집단 지성(Collective Intelligence), 그리고 개방형 혁신(Open Innovation Paradigm) 등으로 연결되고 있다.

3. 개방형 혁신의 철학적 기조: Whitehead, Deleuze 그리고 Popper

개방형 혁신 지체에 대한 철학적 탐색과 해석에 대한 연구는 그동안 본격적으로 진행된 바 없다. 하지만,

211

개방형 혁신의 논리적 구조와 내용과 직결되는 서양 철학사적 논의는 최근에 특히 활발하게 진행되고 있는 것이 사실이다. 이 논문에서는 특히 Whitehead의 과정 철학, 들뢰즈(Gilles Deleuze)의 유동의 철학, 그리고 칼포퍼(Karl Raimund Popper)의 열린사회와 반증주의 논의를 통해서 개방형 혁신의 철학적 구조와 내용을 정립하고자 한다(이정우 김동선 역 2001).

Whitehead는 과정철학의 정립자로 자신의 철학에서 궁극적 가치로 미적 창조성(kalogenesis)을 설정하고 있다(Whitehead 1978). 과정철학의 형이상학적 전제는 내재적 실재론의 형이상학적 전제, 예를 들어, 유물론, 감각주의, 칸트적 구조 등과는 다르다(주재완 2011). Whitehead는 유기체의 세계관을 통해 우리가 직면하고 있는 경험 세계를, 근원적으로 '심미성과 윤리성이 동일한 지평'에서 설명하고자 노력했다. 그런데 Whitehead의 과정은 현재의 존재자들 사이에서는 물론, 미래의 계기들과의 관계에 있어서도 균형잡힌 복잡성이 현실의 현실적 존재자가 지향하는 목적이 되어야 한다(정윤승 2011). Whitehead 관점에서 보면, 모든 현실적 존재자는 창조적 특성과 과거적 특성을 동시에 가진다. 여기에서 과정철학의 선은 적극적이고 창조적인 반면 악은 소극적이며 비창조적이다. 그에게서 창조성의 여건이 비창조적이 되는 무질서와 무효

성은 궁극적 효과과정의 조화의 조건이 된다. 과정철학에 의하면, 세계의 궁극적 실재는 시공간 속을 지속하는 물질적 실체가 아니라, 정신성과 물질성을 동시에 가지며 특정 시공간을 차지하는 입자적인 '현실적 존재(actual entity)'이다(주재완 2011). 과정철학은 '궁극적 현실태'에 대한 부정에서 출발하고 있는 바, 궁극한 현실태 개념을 폐기한 다면, 우리는 각각의 현실태를 그 스스로 목적을 획득하는 것으로서 이해하게 된다. 그는 연장적 연속체(existence continuum)로서의 가능태를 제시하고 있다. 나아가 함생을 끝내고 만족에 도달한 자기초월체(superject)도 가능태에 포함지킨다. Whitehead의 후기 사상에서 궁극적 가치는 새로움에의 단순한 창조와 전진보다는 통일성과 대비의 조화를 목적으로 하는 미적 창조성이다. 결국 Whitehead는 다양성 속에의 통일성의 형식으로 이름다움을 정의내린다. 결국 Whitehead에 있어서 선 이란 결국 총체적인 조화와 질서의 국면에 도달하는 것이며, 이러한 과정에서 발생하게 되는 일종의 상대적인 상실은 현실적 존재자들의 생성과정에서 자연스로운 것이다(정윤승 2011). 그에게 있어서 현재의 선은 과정상의 악 일수 있지만, 결국 현재적 선이나 악 모두 창조성에 기여할 때에만 과정적으로 선한다. 즉, 과정상에 발생하는 창조성에서 바로 Whitehead 철학의 목적을 확인할 있다. 그에게서 창조성이란

213

보편자들 중 보편자(the universal of universals)로 그 내부엔 이질적인 다양성 속에 수많은 것들이 가득차 있다. Whitehead는 이러한 과정철학의 일환으로 스스로의 논의에서 양자론의 일부를 도입하고 유기체 이론을 전개하기도 하였다(권오며 2011).

Deleuze는 인간과 세계를 simularcrum 시간 이미지 세계에서 시각에서 시각에 따라 볼 수 있는 단초를 제공하고 있다(장서기 2011). simularcrum는 관점자의 관점에 따라 변형되고 이것러지는 다양하고 다원적인 일종의 찰란적인 생성, 동등한 것, 한정, 동일자 내지 유사한 것을 포괄 지위버리는 그러한 생성을 의미하는 이미지나 순간을 의미한다. 노자를 유물론적 형이상학으로 구성한 장서기(2011)는 simularcrum와 노자의 맥락적 내용적 동일성에 주목하여 현대 영화 분석에 양 개념을 활용한 바 있다. 참정적 지식의 측면에서 노자와 Deleuze의 철학적 기준의 동질성을 해석할 수 있다. 음악, 미술, 그리고 문학 등 거의 전 분화 영역을 포괄하는 종합예술인 영화는 플라톤주의나 기독교주의 혹은 유교주의가 지니는 문자 혹은 말 씀 중심주의의 이성 중심의 사고에서 벗어나 이미지가 지니고 있는 혼돈의 느낌이나 감각의 잠재력을 긍정하는 이미지의 simularcrum들로 구성돼어 있다. 일반적으로 노장사상으로 이야기되고 있는 노자이 도덕경은 Deleuze가 이야기하는 고대 그리스의 스토아학파가 지녔던 노마돌로지의 지식과 더불어 simulacrum 이미지의 문화콘텐츠를 사유할 수 있는 인류의 거대한 문화유산이다(장시기 2011). Deleuze 와 노자의 공통분모는 문화만에 국한 하지 않는다. 노자의 개방형 혁신적 시각은 Deleuze의 그것과 이미 상당 부분 일치한다. 그 논거는 자주 논의에서 구체화되길 예정이다. simulacrum 시간 이미지의 사유라는 측면에서 노자의 도덕경과 Deleuze의 노마돌로지는 동아시아와 서구 유럽이 지니고 있는 사유 방식의 동질성의 예이다. 끊임없이 제우려고 하는 것은 기억에 대한 욕망이고, 끊임없이 비우려고 하는 것은 망각에 대한 욕망이다. Deleuze의 simulacrum와 노자는 다함께 망각 혹은 비움이라는 기억의 사유장치를 공유하고 있다. 사실 Deleuze는 서양 형이상학의 주류적 전통이었던 unite를 미리 상정하지 않고 multiplicite들을 그 독특성에 따라 사유하고 개념화하는 내재성의 철학을 추구했다(이 찬웅 2007). Deleuze는 미리 상정된 unite 없는 multiplicite의 사유를 가능한 멀리까지 일관되게 밀고 나갔다. 즉, Deleuze는 어떤 상태가 아니라 변화, 이행에 주목하는 철학을 한 것이다. 뿐만 아니라, Deleuze 는 존재의 일의성을 언급함으로써 구체적으로 개별적인 차이들을 각각에 동등한 존재를 부여하여 잠정

215

성의 존재를 명시하고 있다(변상형 2011). Whitehead의 철학이 유기체의 철학 또는 과정철학이라고 불

린다면, Deleuze의 철학은 차이의 철학, 잠재성의 철학 혹은 유동의 철학이라 불린다(김재현 2011). 잠재

성(virtuality)는 과정의 끝남이 받아들여지자 말자 존재의 이해에 있어서 스스로의 근본적인 의미를 지닌

다. Whitehead의 창조성은 궁극자의 지위를 지니는 반면, Deleuze에게는 궁극자 없는 잠재성과 현실성

이 존재할 뿐이다. Deleuze에게서 창조성(creativity)는 존재 과정의 밑바닥을 관통하는 "새로운 종합을 끊

임없이 산출하려는 힘인 영원한 활동성"이다. Deleuze는 영원한 이라는 말대신에 주상적인 이라는 말

을 사용한다. 그에게서 주상기계들에는 연도나 날짜가 붙어있어 생성하고 소멸하며 영원성을 가지고 있

지 않고 잠재성을 특징으로 한다(김재현 2011). Whitehead는 가능태에서 현실태로 이동하는 것을 진입이

라고 표현하는데 비해 Deleuze는 잠재성에서 현실태로 이동하는 과정을 분절(articulation) 혹은 중화작용

(stratification)이라고 표현한다. 진입이 수동적 뉘앙스를 가지는데 비해 Deleuze는 잠재성에서 현실태로의

변화를 유감스러워한다. 왜냐하면, 그는 윤리적으로 현실태를 부정적으로 평가하고 잠재성을 긍정적으

로 평가하기 때문이다. 그리고 Whitehead와 Deleuze는 가능태 혹은 잠재성에서 현실태의 이행과정

에 각기 다른 존재를 매개로 설정한다. 전자가 영원성을 전제하지는 않지만 신을 상정하는데 비해 후자는 구체적인 배경물로서 주상기계를 상정한다. 화이트 헤드가 다자에서 일자로의 창조적 전진이라는 궁극을 상정하는데 비해 Deleuze는 다자와 일자의 상호 주고받음을 통한 잠재성을 상정한다.

1945년 The Open Society and Its Enemies가 처음 출판되었을 때, 많은 평론가들은 전체주의에 대한 이론적 비판에서 이 책을 능가할 저서는 아직 없다고 평가했었다(이한구 1999). 1930년대 유럽을 휩쓸던 나치즘과 맑시즘이라는 전체주의적 광풍에 맞서 「열린 사회와 그 적들」이 구상되었다고 Popper 스스로 밝힌 바 있다. 비인간적인 전체주의의 깊은 뿌리를 플라톤 사상에서 출발해서 인류 역사의 전과정을 통해 철저히 파헤치고 있다. 사실 포퍼는 인식과 실천에서 경험보다는 이성의 역할을 강조하는 합리주의의 전통에 서면서도 독단적인 이성이 아닌 비판적 이성을 주장하는 비판적 합리주의(Critical Rationalism)의 입장을 견지하였다(이한구 1999). 독단이 아닌 비판을 강조함으로써 비판적 합리주의는 실수를 통해서 그리고 실수의 지속적인 교정을 통해서 의식적으로 배우고자 하는 열린 태도의 원리를 담고 있다. 포퍼 스스로 열린 사회를 비판을 수용하는 사회, 개인의 자유와 권리가 보장된 개인주의에 기초한 사회로 규정

217

한다(Popper 1945). Popper의 열린 사회는 자유방임의 사회를 상정하는 것이 아니다. 오히려 그는 국가가 보

호주의를 경제적 영역에도 적용할 것을 주장한다. 국가가 국민을 물리적 폭력으로부터 보호한다 할지라

도 경제적 힘의 오용으로부터 국민을 보호하지 못한다면, 국가는 국민의 자유를 실질적으로 보호할 수

없기 때문이다(이한구 1999). 한편 그는 존재하지도 않는 어떤 필연적 법칙이나 운명의 틀을 인간에게 뒤집

어 씌우는 역사주의를 부정하고 인간의 존엄성, 이성의 존중, 그리고 개인의 자유에 대한 믿음을 담은 열

린사회를 지향했다. 그는 열린사회와 이성에 기초한 사회적 개선 점진적 사회공학을 제시하고 있다. 과

학적 연구로 얻은 지식이나 법칙을 기초로 하여 사회를 점진적으로 재구성하고자 한 것이다. 포퍼는 과

학적인 이성과 과학적인 이성에 입각한 열린 대화야말로 인간과 세계에 대해서 가장 신뢰할만한 이해

를 가능케 하는 것으로 본다(박찬구 2006). 포퍼는 과학적인 이론은 수많은 사례에 의해서 검증되는 이론이

아니라 자신이 반박하거나, 반증될 수 있는 조건을 분명히 제시하는 이론을 의미한다. 이에 반해 자신의

주장을 애매하게 개진함으로써 항상 입증되는 듯하지만 어떻게 하면 그 주장이 반증될 수 있는지를 분

명히 제시하지 않는 이론은 비과학적 이론이라고 밝히고 있다. 즉 포퍼에 있어서 어떤 과학이 인증받는

것은 그것이 많은 사례에 의해 검증되어서가 아니라 온갖 반박을 통해서도 아직 거짓이 입증되지 못했기 때문이라고 한다. 그에게 있어서 모든 과학 이론은 아직 반박되지 않는 한에서만 참일 뿐 언제든지 반박될 수 있다는 점에서 절대적인 참이 아니다. 따라서, 포퍼는 개별과학이 엄밀한 탐구가 되기 위한 가장 근본적인 조건을 선행하는 이론을 반증하려는 비판적인 사고가 활발하게 개진되어야하는 데서 찾고 있다. 심지어 그는 사회과학 발전의 부진을 이러한 비판적 사고가 인정받지 못하는데 있다고 밝히고 있다 (박은진 2001). 포퍼는 역사의 과정을 우리에게 합리성의 과정을 제공한다고 밝히면서 열린사회와 비판적 사고의 역사─발전의 관계를 제시한다(Popper 1945, 250).

개방형 혁신의 논리적 구조와 철학적 내용의 관계를 요약하면 〈표 1〉과 같다. 개방형 혁신의 핵심 논리층을 형성하는 비움이 구조이다. 자신을 비움으로써 새로운 아이디어와 지식이 들어올 수 있게 하는 것이 다. Whitehead가 제시한 구조식으로 균형잡힌 복잡성의 과정을 창출하는 것이다. 뿐만 아니라 비움은 항상 새로운 가능태를 상정한다. 개방형 혁신의 비움은 바로 비움의 구조를 내포하며, 만일 비움이 없다면 가능태가 현실태로 진입하여 확정되게 되는 결망적 상황에 이르게 될 것이다.

219

〈표 1〉 개방형 혁신의 논리와 철학

개방형 혁신의 논리		개방형 혁신의 철학		관련 철학자
논리	이유	Philosophy	해석	
비움 (Vacancy)	개방형 혁신의 구조로서의 비움	-과정 wdntla -균형잡힌 복잡성 -가능태 -가능태에서 현실태로의 진입 소극적	비움의 과정에서 다른 지식과 기술을 채움	Whitehead
역설 (Paradox)	개방형 혁신의 내용으로서의 역설	-유동성 -simularcrum와 multiplicite -잠재성 -잠재성에서 현실태로의 중화 혹은 분절에 부정적	기존 기술과 상충되는 새로운 지식이 만들어내는 유동성	Deleuze
목표 (Goal)	외부 기술을 획득과 내부 미활용 기술의 유출을 통한 새로운 혁신 성과 창출	-비판적 합리주의 -반증	새로운 시각과 지식에 대한 열린 태도, 반증 즉, 새로운 지식에 의해 부인될 때까지 용인	Popper

특징		
창조적인 혁신과 창조적인 혁신 성과 지향	- 보편자층 - 보편자들 사이의 이질적 다양성 - 영원한 활동성과 추상기계 - 비판적사고에 대한 열린 태도	개방형 혁신이 창출하는 창조성의 원천이 이질적인 영원한 활동과 비판적 사고	Whitehead Deleuze Popper

개방형 혁신은 내용적으로 끊임없이 자신과 상반되는 상이한 것과의 충돌을 통해 새로운 혁신

을 지향하게 된다. 이는 Deleuze의유통성과 일치하는 비 확정적인 상태의 내용적 해당한다.

simularcrum와 multiplicite가 만들어 내는 역설에서 확정되지 않은 잠재성이 발현되는 것이다. Deleuze

가 스스로 잠재성에서 현실태로의 중화나 분절에 부정적이었던 바와 같이 이러한 역설이 완전한 해소

자체가 바로 개방형 혁신의 중단으로 연결되게 된다.

개방형 혁신은 외부 기술의 획득과 내부 미활용 기술의 유출을 통한 새로운 혁신 성과의 창출을 목표

로 한다. Popper가 밝힌 세로운 시각과 지식에 대한 열린 태도 그리고 특정 아이디어와 지식이 부인될

221

때까지 잠정적으로 진리로 삼으로 용인하는 반증주의적 과학적 연구 방법을 목표 설정과 유지과정에 매우 유사하게 담고 있는 것이다. 특정 혁신의 완결성을 부인하고 그것이 새로운 아이디어의 유입과 역설의 발생 그리고 그것이 또 다른 새로운 아이디어에 의해 부인될 때까지 체택하는 접근 방법 등이 바로 그것이다.

개방형 혁신은 궁극적으로는 기존의 제품과 공정을 대체하는 창조적인 혁신을 지향한다. Whitehead는 보편자중 보편자로서 이질적인 다양성에서 바로 창조성을 발견하고 있다. 그리고 Deleuze는 범주지 않는 영원한 활동성의 주상기계 내에서 창조성의 도출을 제시한다. 마지막으로 Popper는 기존에 대한 비판적 사고에 대한 열린 태도에서 창조적인 새로운 진리와 지식의 탐색을 제시한다. 결국, Whitehead, Deleuze 그리고 Popper가 모든 새로운 지식에 대한 끊임없는 열린 개방적 태도에서 창조성의 단초를 발견하고 있는 것이다.

4. 노자 속 비움의 개방형 혁신 구조 철학 분석

위에서 Whitehead, Deleuze, 그리고 Popper를 통해 개방형 혁신의 철학적 기초를 크게 비움의 개방형 혁신 구조와 역설의 개방형 혁신 내용을 통해 비판의 열린 태도를 통해 창조성을 지향하는 것으로 규명한 바 있다. 개방형 혁신 철학의 구조와 내용의 해심이 각각 비움과 역설인 것이다. 그런데 동양의 사상적 흐름 속에 비움과 역설을 철학적 준거로 하고 있는 것이 바로 노자의 도덕경이다. 따라서, 개방형 혁신의 철학적 구조와 내용을 통해서 노자를 분석해 보는 것은 개방형 혁신 철학적 준거를 이해하는 제기가 될것이다. 우선 개방형 혁신 철학의 구조의 특징인 비움을 중심으로 도덕경을 분석한다. 노자 도덕경은 왕필본, 장명, 백서본, 죽간본 등 다양한 본이 존재한다. 도가 전통을 거쳐 유가의 전통이 중구 하문의 주류를 차지하면서 사실 유학자 왕필이 주석을 단 왕필본이 중국과 한국에서 가장 일반적으로 읽혀지고 있는 도덕경이다. 그런데 왕필본은 성리학의 왕도주의를 지향하고 있어서 노자 고유의 민중적인 지향성과 사상적 자유로움이 많이 윤색되어 있다. 노자의 원래의 뜻에 가장 근접한 것이 바로 백서본이다. 국내에도 백서본에 기반해서 노자의 민중주의를 정면으로 다루고 있는 것이 기세춘(2007a)이다. 본 연구는 백서본과 기세훈(2007a)을 기준으로 하고 일부 왕필본을 참조로 하여 연구를 진행한다.

노자의 총 81개 장 중 43개의 장의 해설적 내용이 〈표 2〉와 같이 개방형 혁신의 비유의 철학을 가지에 담고 있다. 사실 각 장에는 다양한 내용 특히 비유과 역설의 철학적 내용이 공존하기도 한다. 본 연구를 위해서 연구의 취지에 적합한 부분들을 정성적으로 도출하였다. 노자의 전 범위에서 비유과 역설의 철학이 혼재하고 있지만, 본 연구의 목적을 위한 접근의 일환으로 각각 〈표 2〉의 비유과 〈표 3〉의 패러독스 철학 맥락 부분을 도출한 것이다. 따라서, 이상의 표 자체가 절대적 의미를 가지는 것이 아니다. 다만, 노자 속 개방형 혁신의 구조와 내용에 관한 철학적 맥락이 전체적으로 전면적으로 내재하고 있음이 이미 있는 것이다.

배서본 기반의 유물론적인 형이상학에 기초한 원시에 해석은 근대화 이전에 조선과 중국을 지배했던 유교적 지식이나 서구적 근대화 과정으로 유입된 기독교적이거나 신플라톤주의의 신 혹은 인간 중심주의나 이데아 중심주의의 지식에서 벗어나는 시각을 제공한다((장시기 2011). 이는 Deleuze가 시간 이미지로서 일종의 잘단적인 생성의 의미로 제시한 simularcrum와 일맥상통한다. 비유의 철학을 통해 상황의 잠정성을 근대화함으로써 simularcrum를 도출하고 있다. 나아가 이러한 잠정성은 결국 창

〈표2〉 노자 속 비움에서 찾은 개방형 혁신 정신

구분	노자
4장 상단	道沖而用之 或不盈 淵兮 似萬物之宗
5장 하단	天地之間 其猶橐籥乎 虛而不
6장 하단	玄牝之門 是謂天地根
8장 상단	上善若水 水善利萬物而不爭
10장 상단	明白四達, 滌除玄覽
11장 하단	有之以爲利, 無之以爲用
12장 하단	聖人爲腹不爲目
15장 하단	保此道者 不欲盈
16장 상단	致虛極 守靜篤, 萬物竝作 吾以觀復
17장 하단	功成事遂 百姓皆謂我自然
19장 하단	少私寡欲
20장 하단	絶學無憂
21장 상단	孔德之容 惟道是從
23장 상단	希言自然 (희언자연)
25장 하단	人法地 地法天 天法道 道法自然
30장 하단	不道早已
31장 상단	夫佳兵者 不祥之物
32장 상단	道常無名
33장 하단	知人者智 自知自明
34장 하단	以其終不自爲大 故能成其大

225

35장 상단	執大象 天下往, 往而不害 安平太
37장 상단	道常無爲 而無不爲
38장 상단	上德無爲 而無以爲, 下德爲之 而有以爲
40장 상단	反者 道之動, 弱者 道之用
44장 하단	知止不殆, 可以長久
46장 하단	禍莫大於不知足
48장 상단	爲道日損(위도일손)
49장 상단	善者吾善之, 不善者吾亦善之 德善
52장 하단	塞其兌 閉其門, 終身不勤
54장 상단	善建者不拔, 善抱者不脫
55장 상단	含德之厚, 比於赤子
57장 하단	我無爲而民自化
58장 상단	其政悶悶, 其民淳淳
59장 상단	治人事天, 莫若嗇
60장 상단	治大國, 若烹小鮮
61장 상단	大國者 下流 天下之交
62장 상단	道者, 萬物之奧, 善人之寶, 不善人之所保
65장 상단	故之善爲道者, 非以明民, 將以愚之
67장 하단	不敢爲天下先, 故能成器長
75장 하단	夫唯無以生爲者 是賢於貴生
77장 상단	功成而不處
79장 상단	和大怨, 必有餘怨
80장 상단	小國寡民

조성으로 연결된다. 따라서, 비움의 철학에 토대한 많은 도덕경의 메시지를 창조성의 메시지를 철학적으로 임해하고 있는 것이다.

〈표 2〉에서 도출한 노자의 비움의 개방형 혁신 구조에서 첫째, 무위, 무유, 무명, 무음, 무형, 무성, 무시, 무종 그리고 78장에 유일하게 단독으로 나오는 무위역자의 무 등 무나 무위로 표현되는 비움을 확인할 수 있다. 이에 대해 상리학적으로 노자를 윤색 왜곡한 속에서는 무가 아무것도 없는 무로 현실도피의 의미로 귀결 지은 바 있다. 하지만, 노자의 무는 인위로 하지 않는다는 무위자연 무로 오해하며 기존 설서에 대한 저항과 창조적 대안의 메시지를 담고 있다(기세훈 2007a, 607). 즉, 노자가 말한 무위의 모든 '부동의 동작'인 창조주이며, 도는 시작도 없는 무근원이며, 끝도 없는 구멍이므로 무구이라고 한다(기세훈 2007a, 626). 노자는 20장 절학무우(배우기를 뜻으면 근심이 없어진다)나 65장 조지선위(도자, 비야명민, 장이우지(세부터 도가 있는 최한 지도자는 백성을 총명하게 하지 않고, 오히려 그들을 어수룩하게 만들었다)와 같이 끝임없이 무지를 요구한다. 그것은 공간적인 감자과 현상의 엄매이지 말라는 뜻이다(기세훈 2007a, 742). 환언하면, 현재의 상황에 엄매이지 말고 열린 자세로 새로운 지식과 아이디어와 진리를 대하라는 의미 인 것이다. 노자 속 수많은

무위 무지의 표현은 오늘날 방대한 지적 자산을 부정하는 것이 아니며, 또한 도를 전현 알 수 없다는 불

가지론을 말하는 것도 아니다(기세춘 2007a, 742). 오히려 끝임없이 자신을 비우고 비워 새로운 지각에 열려

있으라는 것이다. 개방형 혁신의 비움의 철학과 구조의 맥락적 의미가 완전히 일치하고 있는 것이다.

3.2장 도상무명(도는 자연의 상도이므로 무명이다), 3.7장 도상무위[2] 이무불위(도는 억지로 일을 처리하지 않고 무위로

처리한다). 등 노자는 인위로 하지 않는 무위자연의 무를 제시함으로써 자신의 기존 지식, 및 의지 체계를

비우고 열린 자세로 새로운 것을 받아들일 것을 제안하고 있다. 11장 유지이위리, 무지이위용(존재함의 이

익은 존재하지 않음의 쓰임세에 있다), 38장 상덕무위 이무이위, 하덕우지 이무이위(높은 덕을 지닌 사람은 억지로 일을

꾸미지 않지만, 덕이 적은 사람은 억지로 일을 꾸민다), 57장 아무위이민자화(군주가 억지로 꾸미지 않으면 백성이 스스로 자연

스럽고 행복하게 잘 산다), 그리고 75장 부유무이생위자 시현어귀생(무릇 삶을 억지로 꾸미지 않는 자가 삶을 귀중하게 여

기는 자 보다 낫다) 등 예시도 무의 비움이 만들어 내는 창조적 존재, 인위로 도모하지 않은 비움이 만들어 내

---

2) 백서본은 道恒無名 즉, 도는 항상 무명이다로 표기하고 있다(기세춘 2007, 663).

는 창조적 충만을 제시하고 있다. 즉, 무의 비움이 만들어내는 창조적 혁신가 노자가 밝히려는 바이다.

둘째, 4장 도충이용지 혹불영 연혜 사만물지종(도는 비어있으면서 작용하고 결코 가득차지 않으며 또한 깊다), 5장

천지지간 기유탁약호 하이불굴(하늘과 땅 사이는 비워져 있는 바 풀무나 피리와 같다. 텅 비어서 막히는 바가 없다), 15장

보자도자 불욕영(도를 지닌 사람은 스스로이 생각과 주장만으로 자신을 가득 채우지 않고 남의 말에도 귀 기울인다), 그리고

16장 치허극 수정독, 만물병작 오이관복(텅빈 허무가 지극하고 고요한 정숙이 독실하면, 세상 만물이 상생하는 것을 우리

모두 볼 수 있게 된다) 등처럼 비움 자체를 평가하면서 비움을 통한 창조적 제움의 철학을 제시하기도 한다.

비움으로써 창조적 아이디어로 깊게 들어 차고, 남의 아이디어와 지식으로 자신을 제우며, 나아가 비움

이 극한에서 새로운 성장과 창조의 원천인 지식이 성장하게 되는 것이다. 노자의 비움을 직접 평가한 장

들은 개방형 혁신의 비움의 철학 구조와 바로 직결되고 있는 것으로 해석할 수 있다. 19장 소사과욕(스스

로 드러내어 빛나게 하기보다 소박하게 처신하며, 사적인 욕망을 줄여라), 21장 공덕지용 유도시종(텅 비움을 덕으로 삼고 나서

야 비로써 도모하는 모든 행동이 도에 합치하게 된다), 제23장 희언자연(자연은 말이 없다), 34장 이기종부자위대(도는 스

스로 크다고 하지 않음으로써 능히 큰 경지에 이른다), 그리고 48장 위도일손(도를 따르는 것은 매일 손해를 보면서 덜어내는

것이다) 등도 자신을 비우고 말없이 스스로를 열어 냄으로써 외부의 지식과 정서와 동의로 오히려 풍부하

게 장조적으로 채울 것을 제안하고 있다.

5. 노자 속 패러독스의 개방형 혁신 내용 철학 분석

패러독스란 수학적으로는 참이나 거짓으로 확정될 수 없는 명제를 의미한다. 예를 들어, 소크라테

스가 자신의 지혜를 표현하기 위해 "나는 내가 아무것도 모른다는 것을 안다." 라고 밝힌 명제를 보

자. 그가 진정 모른다면, 알고 있다고 말하는게 참이고 일면, 진정 그는 자신이 모른다고 말하는 것이 거

짓이 되어, 그가 천명한 많은 참도 거짓도 될 수 없는 패러독스가 된다. 인류의 역사는 부분적으로

는 역설처럼 보이지만 실제로는 참인 진술을, 또 부분적으로 참인 듯이 생각되지만 실제로는 역설

을 보이는 진술들로 가득 차 있다. 캐나다 토론대학의 수리심리학자 애너톨 래퍼포트(Anatol Rapoport)

가 말했듯, 패러독스가 사상가와 철학자들에게 충격을 주지 않았다면, 철학과 수학 분야에서 오늘

날처럼 인식의 지평이 확장되기 어려웠을 것이다(이기숙 2006, 9). 역설(paradox)는 외관상 서로 모

순 된 말로 새로운 차원의 진리를 뒤엎는 상식을 뒤엎는 연습을 지칭하는 것이다(기세춘 2007a, 769).

개방형 혁신 철학의 내용적 기초로서의 패러독스는 기존의 지식이나 기술과 상충되거나 상이한 새로
운 아이디어가 제시되어 새로운 차원의 혁신으로 연결되는 것을 말한다. 따라서, 엄밀한 의미의 수학적

패러독스 개념을 포괄하긴 하지만, 그에 한정되는 것은 아니며, 기존 지식과 충돌되는 새로운 아이디어
의 추가와 기존 것과의 충돌이 만들어내는 창조적 혁신으로 좀 더 넓게 사유하고자 한다. 이기숙(2011)이

나 기세춘(2007) 등과 같은 선행연구의 패러독스 개념과 거의 상통한다. 노자는 문명과 가치를 전도시키
고 기존의 질서와 문명의 역설을 폭로하고 그 반대인 자연 상태의 자유로운 삶을 부각시켜 약자와 패자

의 생존을 위한 처절한 저항을 담고 있다(기세춘 2007,772). 그리고 노자는 패러독스를 통해 우리에게 문명
보다 자연을, 현상보다 본질을, 운동자보다 원동자를, 유보다 무를, 삶보다 죽음을, 양지보다 음지를, 밝

음보다 어둠을, 봉우리보다 골짜기를, 질서보다 혼돈을 보라고 요구하며, 나아가 부성보다 모성을, 강함
보다 약함을, 단단함보다 부드러움을, 지혜보다 무지를, 무늬보다 질박함을 흠모하게 한다(기세춘 2007a,

231

772. 새로운 지식이나 아이디어들의 개념의 붕괴현상을 통고 고 차이를 발현하여 새로운 창조적 지식으로 가는 개방형 혁신 철학의 내용적 기저에 바로 패러독스가 존재한다(김상현 역 질 들뢰즈 저 2004, 49). 차이의 판념적 최대치인 역설이 만들어내는 창조적 발생이 바로 개방형 혁신의 철학적 역동성인것이다. 사실 차이는 현상이 아니며, 현상의 본체에 가깝다. 따라서, 역설인 새로운 창조적 탄생이 도가니가 되는 것이다. 신의 계산을 하면서 세계를 만드는 것은 사실이지만, 그 계산들은 결고 정확하게 맞아떨어지지 않는 차이를 만드느는데 세계의 조건을 형성하는 것이 바로 차이의 불공정 즉 환원 불가능한 운동이다 (김상현 역 질 들뢰즈 저 2004, 475). 따라서 차이의 정점인 역설은 다양한 잠재성의 창조성을 부가하게 된다.

〈표 3〉과 같이 노자의 상당 부분은 역설이 만들어 내는 차이의 정점과 그것의 잠과의 창조적 함의를 확정적 이지 않은 잠재성의 형태로 풀임없이 제기하고 있다. 50장 출생입사(테어나면 반드시 죽는다), 76장 강대처 하유약처상(강하고 큰 것이 아래에 있고 오히려 약하고 부드러운 것이 위에 있게 된다), 혹은 78장 약지승강 유지승강(약한 것이 강한 것을 이기고, 부드러운 것이 군센 것을 이긴다)등은 전형적인 역설을 통해서 창조적 메시지를 제안한다. 즉, 패러독스라는 철학적 내용이 만들어 내는 창조적 결과가 노자가 가진 생명력의 근본틀의 원동력이 되고 있다.

〈표 3〉 노자 속 패러독스에서 찾은 개방형 혁신 정신

구분	노자
1장 상단	道可道 非常道 名可名 非常名
2장 상단	有無相生 難易相成
3장 하단	爲無爲 則無不治
7장 상단	以其不自生 故能長生
9장 하단	功遂身退 天之道
13장 상단	寵辱若驚, 貴大患若身
14장 상단	視之不見, 聽之不聞, 搏之不得
18장 상단	大道廢 有仁義
22장 상단	不自見, 故明, 不自是 故彰
24장 상단	自伐者無功
26장 하단	輕則失本 躁則失君
27장 하단	善人者 不善人之師, 不善人者 善人之資
28장 상단	知其白 守其黑, 爲天下式
29장 상단	爲者敗之 執者失之
36장 하단	將欲歙之 必固張之
39장 하단	貴以賤爲本 高以下爲基
41장 상단	明道若昧, 進道若退

233

42장 하단	强梁者, 不得其死
43장 상단	天下之至柔 馳騁天下之至堅
45장 하단	大辯若訥
47장 하단	不見而名, 不爲而成
50장 하단	出生入死
51장 상단	生而不有 爲而不恃
53장 상단	大道甚夷 而民好徑
56장 상단	知者不言, 言者不知
63장 상단	爲無爲 事無事
64장 상단	無爲故無敗, 無執故無失
66장 상단	欲先民, 必以身後之
68장 상단	善爲士者不武
69장 하단	禍莫大於輕敵
70장 하단	聖人被褐懷玉
71장 상단	知不知 上, 不知知 病
72장 하단	聖人自知 而不自見
73장 상단	勇於敢則殺 勇於不敢則活
74장 상단	民不畏死 奈何以死懼之
76장 하단	强大處下, 柔弱處上
78장 상단	弱之勝强, 柔之勝剛
81장 상단	旣以爲人, 己愈有

서로 상충하는 지식과 기술이 배치는 필연적으로 창조적인 새로운 지식으로 귀결된다. 개방형 혁신이

내용적으로 기존 지식이나 기술의 기술을 끊임없는 배치를 통해서 도달하고자 하는 지점이 바로 그곳인 것이

다. 노자가 바로 전형적인 역설의 방식으로 혹은 전형적이지 않지만, 자아의 잠정성의 제시라는 방식을

통해서 창조적인 지식 대안을 제시하고 있는 점에서 개방형 혁신 내용의 철학적 기조에 대한 모티브로

가치를 가진다. 1장 도가도 비상도, 명가명 비상명 (도는 가르쳐 말할 수는 있지만 그거로써 말한 도는 상자연의 도가 아

니다. 이름을 불러 분별할 수는 있으나 그것은 상자연의 명혼은 아니다)는 가도와 비상도 및 가명가 비상명의 역설 혹은

상충의 제시를 통해서 노자 전체의 인식론적인 개방성을 제시하고 있다. 2400년 전 문서를 인식론으로

말하는 것은 견강부회라고 힐문하는 사람들이 있을 수 있으나, 노자보다 앞선 무자에서 이미 명실상부

론과 정교한 논리학들을 말하고 있는 점을 주목할 필요가 있다(기세춘 2007a, 637; 2006a; 2006b). 소크라테스와

비슷한 시기에 동양에서 이미 무자가 선험론을 거부하고 경험론적 인식론을 말했고, 노자는 전적적으로

1장을 통해서 불가지론적 인식론을 말한다(기세춘 2007a, 640; 2008). 노자 1장은 존재의 인식에 대한 회의를

말한 것으로 장자의 나비 꿈 이야기도 같은 맥락에서 읽을 수 있는 바, 철학이 의심과 회의로부터 비롯된

235

다고 한다면 노자는 동양 철학의 시작이라고 해야 할 것이다(기세춘 2007a, 641; 2006b). 패러독스가 만들어 내는 회의와 불가지론은 강력한 잠정성을 기반으로 끝임없이 창조성을 추구하게 되는 것이다. 개방형 혁신의 내용적 측면, 즉 기존 지식과 새로운 아이디어의 차이, 충돌 혹은 역설은 바로 혁신의 불가지론 혹은 혁신의 회의를 거쳐서 새로운 창조적 혁신으로 귀결되는 것이다.

2장 유무상생 난이상성(있고 없음이 서로 돕고 어려움과 쉬움이 함께 한다)는 2장 곳곳에서 제기하고 있는 패러독스 즉, 아름다움과 추함, 웃음과 그름, 선과 악 등의 역설과 함께 기존의 지배 가치를 부정하는 가치상 대주의와 저항정신을 노자 전체의 방향으로 제시하고 있다. 물론 노자의 가치상대주의는 양시론이나 양비론에 머물지 않고 저항정신을 담은 창조적 대안을 향해 있는 것이 사실이다. 패러독스가 새로운 창조로의 개방형 혁신의 철학 내용을 담고 있는 것이다.

3장 위무위 즉무불치(백성을 무위로 억지로 다스리지 않으면 다스리지 못할 것이 없다), 7장 이기부자생 고능장생(스스로 도모하지 않기 때문에 영원하지 않는 것이 없다), 9장 공수신퇴 천지도(공을 세우고 물러나면 하늘의 도가 따른다), 13장 총욕약경 귀대환어신(총애받거나 욕먹을 때 똑같이 평상심을 유지하라. 큰 근심거리를 제 몸처럼 귀하게 여겨라), 14장 시지

불견, 청거불문, 바지부득(또는 보여도 보이지 않고, 들어도 들리지 않고, 잡아도 잡히지 않는다), 18장 매도폐 유인의(른 도가 무너지자 인의가 생겨났다), 그리고, 22장 부자전 고명(스스로 현명을 드러내지 않아도 세상에 드러난다)의 논리구조는 패러독스와 창조적 제안으로 귀결되고 있다. 다스리지 않으면 모든 것이 다스려진다는 논리, 도모하지 않기에 모든 것이 도모 된다는 논리, 총예반거나 욕되거나 똑 같이 평상심을 유지하라는 논리, 보이도 보이지 않는다는 도의 논리, 그리고 스스로 현명함을 드러내지 않아도 세상에 그것이 드러난다는 논리 모두 해심이 패러독스이다. 그리고 침묵은 일의적으로 표현될 수 없는 창조적 지식, 아이디어 혹은 함의 이다. 바로 그것이 개방형 혁신의 패러독스 철학인 것이다. 서로 상충되고 차이나는 새로운 아이디어의 추가 혹은 충돌은 창조적인 혁신으로 연결되기 마련이다.

39장 귀이천위본 고이하위기(귀한 것은 천한 것을 근본으로 하고 높은 것은 낮은 것을 기반으로 한다), 41장 명도약매, 진도약퇴(밝은 도는 어두운 또는 나아가는 도는 물러나는 듯하다), 42장 강량자 부득기사(억세고 그린 사람은 걸로 제 명대로 살지 못한다), 45장 대변약눌(아주 말을 잘하는 것은 어눌한 듯 하다), 51장 생이불유 위이불시(도는 세상 만물을 낳지만 소유하지 않고, 기르지만 기대지 않는다), 그리고 63장 위무위 사무사(일을 꾸미되 억지로 꾸미지 말고 일을 하되 의식적

237

으로 하지마라) 등의 덕론에서의 패러독스 논리 또한 서로 차이가 나거나 상충하는 명제의 제시를 토대로

창조적인 새로운 명제로 옮겨가는 패러독스의 철학 기반을 토대로 하고 있다. 친한 것과 귀한 것의 상충,

밝음과 어두움의 상충, 여세 것고 장수 하지 못함의 상충, 맑을 잘하는 것과 어눌한 언변의 상충, 낳는 것

과 소유하지 않음의 상충, 꾸미되 꾸미지 않는 것의 상충 등이 그것이다. 이들 패러독스가 제시하는 결론

은 그것이 없는 것보다 훨씬 창조적이고 생명력있는 메시지를 담고 있다. 패러독스의 개방형 혁신이 이

러하다. 기존의 지식과 기술과 차이가 나거나 상충되거나 역설적인 새로운 아이디어들의 추가로 기존과

다른 창조적인 혁신 성과에 도달하게 되는 것이다.

6. 소결

본 연구는 개방형 혁신 논리의 사상적 맥락을 짚어보고 Whitehead의 과정철학과 Deleuze의 잠정성 철

학 그리고 Popper의 열린 사회 및 반증논리를 토대로 비움의 개방형 혁신 구조 철학과 패러독스의 개방

형 혁신 내용 철학을 제시하였다.

그리고 이러한 개방형 혁신의 비움의 구조와 패러독스의 내용에 대한 보다 체계적인 이해의 메타에서 노자를 개방형 혁신 철학의 분석틀로 들여다보았다. 개방형 혁신의 비움의 구조 철학과 패러독스의 내용 철학에 대한 깊이 있는 이해를 위해서는 노자의 유물론적 형이상학적 토대를 살펴 볼 필요가 있다. 본 연구에서 노자가 개방형 혁신의 구조와 내용과 매우 유사한 논증 구조를 가지고 있음을 확인할 수 있었다. 따라서 기업의 리더, 구성원 혹은 예비 창업자 등이 개방형 혁신의 철학을 고양하고 개방형 혁신 마인드를 함양하는 방법으로 유물론적 형이상학의 초기 노자에 기반하고 있는 백서본 노자 읽기가 매우 유용할 것이다.

239

참고문헌[3]

권오대 (2011). "화이트헤드 상대성을 위한 벤쳐와 양자론의 확장", 「화이트헤드연구」, 제21집. pp. 167-195.

기세춘 (2006a). 「동양고전산책 1, 2」, 서울: 바이북스.

기세춘 (2006b). 「장자강의」, 서울: 바이북스.

기세춘 (2007a). 「노자강의」, 서울: 바이북스.

기세춘 (2007b). 「성리학개론 상, 하」, 서울: 바이북스.

기세춘 (2008). 「묵자」, 서울: 바이북스.

기세춘 (2010). 「논어강의」, 서울: 바이북스.

김상환 컬드뢰즈(2004). 「차이와 반복」, 서울: 민음사.

김영식 (2001). 「과학혁명: 전통적 관점과 새로운 관점」, 서울: 아르케.

김영진 (2004). "화이트헤드의 가능태와 현실태에 관한 연구". 박사학위논문. 영남대학교.

김용옥 (2011). 「중용한글역주」, 서울: 통나무.

---

3) 참고문헌은 본 저서의 참고문헌과 상기 논문의 참고문헌을 함께 정리한 것입니다.

김재인 들뢰즈와 가타리(2001). 『천개의 고원』. 서울: 새물결.

김재현(2011). "화이트헤드와 들뢰즈". 『화이트헤드연구』. 제21권. pp. 7-32.

남회근((2013). 『남회근 선』. 서울: 부기.

남회근((2013). 『논어타설 상』. 서울: 부기.

남회근((2013). 『논어타설 하』. 서울: 부기.

문창옥(1999). 『화이트헤드 과정철학의 이해』. 서울: 통나무.

바세연 카민 겔로(2011). 『스티브 잡스 무한혁신의 비밀』. 서울: 경문사.

박연식((2010). 『대학, 대학혹은 대학강이』. 서울: 여강.

박은진(2001). 『칼 포퍼, 과학철학의 이해』. 서울: 철학과 현실사.

박찬구(2006). "하이데거 사상과 표과 사상의 비교연구 I : 양자의 과학관을 중심으로". 『철학 사항』. 제23권. pp. 25-68.

변상진. 조르조 슘페티(2011). 『자본주의, 사회주의, 민주주의』. 서울: 한길사.

변상철(2011). "들뢰즈의 차이의 개념으로 본 오거호 연구". 『한국동서철학회논문집』. 제62호. pp. 265-287.

오영환 들뢰즈(1989). 『과학과 근대세계』. 서울: 서광사.

오영환 화이트헤드(1991). 『과정과 실제』. 서울: 민음사.

윤진효(2010). 『오픈이노베이션 창업경제영론』. 서울: 경문사.

윤진효(2011). 『영화를 보면 세상이 보인다』. 대구: 계대출판부.

241

윤진효, 권오식, 박진서, 정의석 (2010). "특허기반 개방형 혁신 분석모델 개발 및 적용 연구」, 제13권 용. pp. 99-123.

윤진효, 류건우 (2009). "개방형 혁신의 이론과 현상에 관한 탐색 연구", 통상정보연구제11권. 제2호. pp333-364.

윤진효, 박상문 (2012). "중소기업의 개방형 혁신 성과 비교 연구: 대구경북과 타지역의 비교를 중심으로", 산업혁신연구 제28권. 제1호. pp 1-22.

윤진효, 최명신 (2008). "개방형 혁신과 기업성과에 관한 연구", 「정책연구」, 제17권 4호. pp. 163-191.

이기동 (2010)「주역강설」, 서울: 성균관대학교 출판부.

이기숙 위르겐 베를리츠 ((2011). 「패러독스 et 딜레마: 철학사를 관통한 최고의 난제들(Paradox et Dilemma: Philosophische Kopfnüsse)」, 서울: 보누스.

이동환 (2008) 「중용」, 서울: 현음사.

이명현 · 이한구 칼포퍼 (1987).「열린사회와 그 적들(The Open Society and Its enemies 1945) 1-2」, 서울: 민음사.

이정우 김동선 우노구니이치 (2001).「들뢰즈 유동의 철학」, 서울: 그린비.

이정우 김영범 베란다 (2009).「강도의 과학과 잠재성의 철학: 잠재성에서 현실성으로」, 서울: 그린비.

이찬웅 (2007). "들뢰즈의 기호와 정서". 「기호학연구」, 제29집. pp. 360-383.

이한구 (1999). "칼 포퍼의 열린 사회와 그 적들"제21한사회비평」, 제20호. 여름. pp. 99-107.

이한구 칼포퍼 (2001) 「추측과 논박: 과학적 지식의 성장 1-2(Conjectures and Refutations: the Growth of Scientific Knowledge)」, 서울: 민음사.

임홍빈, 마권 (2009)「손자병법 교양강의」, 서울: 돌베개.

장시기 (2005).「노자와 들뢰즈의 노마돌로지」, 서울: 당대.

장시기 (2011).「노자의 도덕경과 simularcrum 시간 이미지의 영향.」「동서비교문학저널」,제24호 봄·여름. pp 171-191.

장현영 알베르토 아인슈타인 (2007).「상대성이론: 특수상대성 이론과 일반 상대성 이론」, 서울: 지만지 고전천줄.

장회익 (2002). "양자역학과 실체성의 문제: 벨의 부등식 해석을 통한 고찰".「과학사상」, 제19호. pp. 247-268.

정선우 하야시 노부유키 (2007)「스티브 잡스의 위대한 선택」, 서울: 아이쿱북스.

정윤승 (2011). "과정 윤리학에서 창조성과 가치".「화이트헤드 연구」, 제22권. pp7-40.

조현규 (2011).「왕필이 본 도덕경」, 서울: 새문사.

주재완 (2011). "과정철학과 내재적 실재론".「화이트헤드연구」, 제22권. pp 115-144.

황종원 (2010)「논어」, 서울: 서책.

황종원 (2010)「대학 중용」, 서울: 서책.

황종원 (2010)「맹자 1, 2」, 서울: 서책.

Boldinan S. (2012). Meditation for Dummies. Sussex: John Wiley & Sons, Ltd.

Carrillo, F. J. (2015). Knowledge-based development as a new economic culture. Journal of Open Innovation: Technology, Market, and Complexity, 1(1), 1-17.

243

Chesbrough, H.(2003). Open Innovation. Harvard Press.

Chesbrough, H.(2006). Open Business Model. Harvard Press.

Cooke, P. (2015). Green governance and green clusters: regional & national policies for the climate change challenge of Central & Eastern Europe. Journal of Open Innovation: Technology, Market, and Complexity, 1(1), 1–17.

Deleuze, G.(1986). Cinema Ⅰ. Trnas. Hugh Tomlinson and Barbara Habberjam Minneapolis: University of Minnesota Press.

Deleuze, G.(1989). Cinema Ⅱ. Trnas. Hugh Tomlinson and Robert Galeta. Minneapolis: University of Minnesota Press.

Deleuze, G.(1990). The Logic of Sense. Trnas. Mark Lester with Charles Stivale. New York: Columbia University Press.

Della Corte, V., Iavazzi, A., & D'Andrea, C. (2015). Customer involvement through social media: the cases of some telecommunication firms.Journal of Open Innovation: Technology, Market, and Complexity, 1(1), 1–10.

Han, J., & Cho, O. (2015). Platform business Eco-model evolution: case study on KakaoTalk in Korea. Journal of Open Innovation: Technology, Market, and Complexity, 1(1), 1–14.

Hasson G. (2013). Mindfulness: BeMindful. Live in the moment. Cornwall: Capstone.

Inkinen, T. (2015). Reflections on the innovative city: examining three innovative locations in a knowledge bases framework. Journal of Open Innovation: Technology, Market, and Complexity, 1(1), 1–23.

Isaacson. W. (2011). Steve Jobs. New York: Simon&Schuster.

Jeon, J.-h., Kim, S.-k., & Koh, J.-h. (2015). Historical review on the patterns of open innovation at the national level: the case of the roman period. Journal of Open Innovation: Technology, Market, and Complexity, 1(1), 1–17.

Jois, H. S., Bhaskar, N., & Prakash, M. S. (2015). A 3-d advancement of PythoCrypt for any file type. Journal of Open Innovation: Technology, Market, and Complexity, 1(1), 1–9.

Jung, K., & Lee, S. (2015). A systematic review of RFID applications and diffusion: key areas and public policy issues. Journal of Open Innovation: Technology, Market, and Complexity, 1(1), 1–19.

Kim, J.-h., & Jung, S.-h. (2015). Study on CEO characteristics for management of public art performance centers. Journal of Open Innovation: Technology, Market, and Complexity, 1(1), 1–21.

Kodama, F., & Shibata, T. (2015). Demand articulation in the open–innovation paradigm. Journal of Open Innovation: Technology, Market, and Complexity, 1(1), 1–21.

Kwon, K.-S., Kim, S. H., Park, T.-S., Kim, E. K., & Jang, D. (2015). The impact of graduate students on research productivity in Korea. Journal of Open Innovation: Technology, Market, and Complexity, 1(1), 21.

Lee, S.-H., & Workman, J. E. (2015). Compulsive buying and branding phenomena. Journal of Open Innovation: Technology, Market, and Complexity, 1(1), 1–12.

Noh, K.-R., Jeong, E.-S., You, Y.-B., Moon, S.-J., & Kang, M.-B. (2015). A study on the current status and strategies for improvement of web accessibility compliance of public institutions. Journal of Open Innovation: Technology, Market, and Complexity, 1(1), 1–17.

Oganisjana, K. (2015). Promotion of university students' collaborative skills in open innovation environment. Journal of Open Innovation: Technology, Market, and Complexity, 1(1), 1–17.

Pancholi, S., Yigitcanlar, T., & Guaralda, M. (2015). Public space design of knowledge and innovation spaces: learnings from Kelvin Grove Urban Village, Brisbane. Journal of Open Innovation: Technology, Market, and Complexity, 1(1), 1–17.

Patra, S. K., & Krishna, V. V. (2015). Globalization of R&D and open innovation: linkages of foreign R&D centers in India. Journal of Open Innovation: Technology, Market, and Complexity,

Philips F. (2003). The Conscious Manager: Zen for Decision Makers, Oregon: Bookpartners.

Whitehead, A. N. (1978). Process and Reality: An Essay in Cosmology, New York: The Macmillan.

Young, J, Simon W. L. (2005). iCon Steve Jobs, New York: WILEY.

Yun, JHJ., and A. Mohan(2012a), "The Relation between Internal and External Open Innovation: A Study of Firms Located in the Goomi and Banwol–Sihwa Clusters in South Korea", In Brem, A. and Tidd, J, Perspectives on supplier Innovation: Theories, Concepts and Empirical Insights on Open Innovation and the Integration of Suppliers. London, Imperial College Press.

Yun, JHJ., and A. Mohan(2012b). "Exploring open innovation approaches adopted by small and medium firms in emerging/growth industries: case studies from Daegu-Gyeongbuk region of South Korea", International Journal of Technology Policy and Management, 12(1), 1–19.

Yun, JHJ., Park, S.M., and Mohan, V.A., (2011). Development and Social Diffusion of Technological Innovation: Cases Based on Mobile Telecommunications in National Emergency Management", Science Technology and Society, Vol. 16, No. 2, pp. 215–234.

비움에 관한 명상

초판 1쇄 발행 | 2016년 1월 31일

지은이 | 윤진호 임종제
사진 | 김경훈
펴낸이 | 신성모
펴낸곳 | 북&월드

등록 | 2000년 11월 23일 제10-2073
주소 | 경기도 양평군 용문면 덕촌길 211번지 129-11
전화 | (031) 772-9087
팩스 | (031) 771-9087
이메일 | gochr@hanmail.net

ISBN 978-89-90370-89-1 03320

책 값은 뒷표지에 표기되어 있습니다.
파본은 구입하신 서점에서 교환해 드립니다.